アメリカ研究シリーズ No.3

アメリカ観の変遷 上巻

【人文系】

杉田米行 編

大学教育出版

はじめに

「歴史は変わる」というと奇妙な感じがするが、歴史とは現在と過去との対話であり、その解釈は変わっていくものである。本書では、第一章で国境地帯、第二章でカトリック教会、第三章で移民排斥、第四章で人種とスポーツ、第五章で公衆衛生行政、第六章でアメリカ個人主義、第七章でアメリカ映画をケーススタディとして扱っている。各章の執筆者は専門分野の諸学説をある程度詳細に紹介した上で、新しい見解を提示し、歴史を変えようと試みている。執筆者はアメリカ研究の各々の人文系専門分野において最先端でご活躍しておられ、卓越した研究業績をお持ちの専門家であり、その内容は信頼のおけるものである。なお、本書の企画・刊行にあたっては、アメリカ大使館文化交流部から助成金をいただいた。記して感謝申し上げる。また、本書の出版の機会を与えていただいた大学教育出版の佐藤守社長およびいつも的確な編集作業をして下さる編集部のスタッフにお礼申し上げる。

二〇一四年九月吉日

杉田米行

アメリカ観の変遷　上巻　［人文系］

目次

第一章

国境地帯から考えるアメリカ合衆国

——ボーダーランズにおける新しい共同性と表現方法について

はじめに

私たちは「言葉」を使って歴史や地理や国家などについて語る。動いている対象を言葉の境界線のなかに閉じ込め、いったんその動きを止めてから語るのである。そのためもあり、私たちは動いているもののなかの「動かない部分」に焦点を当てて考える傾向がある。

しかし、そのような方法では、つねに変化し続けてきたアメリカ合衆国の重要な側面を取り逃がしてしまうだろう。たとえば、一九世紀の最後になってようやく国勢調査局に消滅を宣言された「フロンティア（移動する境域）」を、静態的な性格をもつ言語で記述することは難しい。

移動する部分を含めてアメリカ合衆国を捉え、それを記述する方法を模索することは、アメリカ合衆国を理解するためには重要である。フロンティアの胎動をいまだに感じとることができる国境地帯からアメリカ合衆国を眺めることによって、新たな共同性と記述の可能性について考えてみたい。

1　国家原理の再考と国境地帯

さまざまな民族や人種を内部に抱えている「アメリカ」の歴史はこれまで、その多様な部分のなかの一部の地域や人びとを中心に記述されてきた。「アメリカ史」に限らず国家の歴史は、ある超越的な視点を設定して土地や人間に軽重をつけたうえで記述されるからである。国家内のあらゆる地域を等しく語ることは不可能であり、国家はどこかに中心をもたなければならない。換言すれば、国家はすべての地域を同時に語ることを不可能にするシステムを内包していると言える。標準語や法律などの秩序の基準を定める中央（首都）を持たない国家は、国家を単位とした国際社会においては認められない。国家の意志はどこかで誰かが代表しなければならないのである。

その当然の帰結として生まれる「中央と周縁」という構図は、権力システムの秩序に収まりきらない人びとや地域を生んだ。つまり、国家は、周縁地域の歴史や多様な人種や民族からの視点によって語る可能性を排除することによって成立している。したがって、アメリカ合衆国の中心とは相容れない文化やシステムを持ち込む、チカーノ（メキシコ系アメリカ人）のような存在は忌避される。また、国境線の向こう側にいる人びとと、正規の国民は明確に区別されなければならない。しかし、メキシコとアメリカ合衆国のあいだに横たわる三〇〇〇キロメートルにおよぶ国境線は、理念のうえでは、スペイン語と英語、カトリックとプロテスタントを分かつ「境界線」ではあるが、言うまでもなく、現実の状況は複雑である。実際には、境界線は薄まったり穴が空いたりしながら変化し続けている。

そのため「国境地帯」という言葉からは、国境線の画定をめぐってつねに係争をしているというイメージがつきまとう。そして、国境線の曖昧さはそのまま、国家の存在自体のあやうさとも結びついている。境界線を固定化することによって国家と国民を捉えるという方法論は、流動する国境地帯から目を逸らすことによって成立しているにすぎない。

国民国家の原理から忌避されがちな国境地帯の曖昧さは、私たち自身の存在の不安定さと表現方法の不完全さでもある。視点を変えるならば、国境地帯は私たちのある種のアイデンティティを引き受けていると考えられる。国家原理が指定する標準語や法律などと完全に調和して私たちは生きているわけではなく、揺れ動くアイデンティティと不完全な言語は国境地帯のあり方と呼応している。国境地帯も視野に入れて国家や共同体や人びとを考える意義は、そこにある。周縁地域からアメリカ合衆国を眺めるという行為は、単に視点を変えて新しいアメリカ合衆国を発見するという方法論の模索だけにはとどまらない。国家原理に付随している近代的な束縛を解き放つという役割をも担っているのである。

2　チカーノによる歴史の捉え方と表現方法

メキシコとアメリカ合衆国のあいだに現在のような国境線が画定されたのは、一九世紀の中頃のことである。帝国主義的な拡大を続けていたアメリカ合衆国がメキシコと戦争を行い（一八四六～一八四八年）、その結果、国境線は大きく南下し、メキシコ人はメキシコ系アメリカ人となった。それ以来、メキシコ系アメリカ人（公民権運動以降は「チカーノ」という呼称が使われるようになる）は、国家原理を相対化する独自の視点から理論を構築し芸術作品で表現してきた。それらには、国家原理のもとでは解決できずにいた人種や民族、あるいは、共同体やアイデンティティの問題を解く鍵が多く含まれている。

チカーノが、政治や経済だけではなく、文化や芸術にまで着目するのは偶然ではない。近代国民国家成立以前においては、表現手段はそれぞれの地域に根づいた独自の方法が採用されてきたからである。音楽、絵画、舞踊、口承など、書き言葉以外の表現方法のなかにも彼らの歴史やアイデンティティが込められてきた。国境地帯が含みもつ意味の多様性は、それらの内容の多義性とともに、それを語る方法の多様性とも結びついている。存在のあり方や変遷について語るとは結局、対象をどのように語るかという方法論と密接に結びついているとチカーノは認識している。とりわけ、歴史の語り方が重要である。

アメリカ合衆国の歴史観について、フランスの哲学者であるジャン・ボードリヤール（Jean Baudrillard）は次のように説明している。「アメリカは一度として暴力に欠けたことも、出来事や人物や思想に欠けたこともない。しかしそうしたものはすべて歴史となっていない」[(1)]。過去の「出来事や人物や思想」を現在においてどのように生かすかの方法論の欠如は、過去との対話や知恵の欠如を生み出している。

一方、メキシコ人やチカーノは、過去とのあいだを独自の方法で行き来する。彼らの歴史の捉え方を象徴する表現の一つに壁画があり、同じ平面上にさまざまな時代の歴史上の人物が並べられることが多い[(2)]。たとえば、ジュディス・バカ（Judith Baca）がロサンゼルスで進めている「ロサンゼルスの万里の壁画（Great Wall of Los Angeles）」のテーマは、アメリカ史の外側に追い出されたカリファス（チカーノによるカリフォルニアの呼称）の歴史を同一平面上に次々と描いていくことにあるのだが、いわゆる正史には登場しない人びとも含めて時間が交錯しながら描かれている。また、ビクトール・オチョーア（Victor Ochoa）の描いた有名な「ジェロニモ」は、アメリカ合衆国の歴史から抹殺されるべき存在として追われたインディアンを前面に出しつつ、チカーノ文化を代表するイコンをその周りに配置してインディアンとチカーノの関係性を捉え直している[(3)]。

歴史は必ずしも直線上に過去から未来へと動いているわけではなく、並立し交流しながら積み重なる。過去と現在を同時に視野に入れることで歴史は立ち上がり、過去において歴史から消された出来事や人物を「いま」という視点から捉え直しつつ生き返らせるのである。そこにおいて動きが生まれる。

3　境界線の属性が作り出すアメリカ合衆国

国境地帯において新しい語りが求められるもう一つの理由は、国境線によって分かたれたそれぞれの国家の文化が衝突し合うことによって、いままでにない新しい文化が生まれるという現実である。メキシコとアメリカ合衆国の文化が衝突し、そのどちらでもない文化が国境地帯において生まれる。チカーノはそれを体現する集団である。地球上のあらゆる場所で起こっている文化の混淆は、国境地帯においてもっとも先鋭的に行われている。そのような固有の意味空間をここでは「ボーダーランズ」と呼ぶことにする。国境線が東から西へと移動しながら成立したアメリカ合衆国では「フロンティア」(4)と呼ばれる境界地帯が全土を通過し、国家全体がボーダーランズの影響を受けているという見方もできる。

しかし、実際には、文化の混淆は進まなかった。その理由の一つに「マニフェスト・デスティニー」がある。「明白なる運命」と呼ばれるスローガンのもつ宗教的で理念的なモチベーションに関して、フランスの政治思想家アレクシス・ド・トクヴィル（Alexis de Tocqueville）は、米墨戦争が始まる一〇年も前にすでに正確に読みとっていた。「ある問題について一度多数が形成されるや、その歩みを止めるどころか、せめてこれを遅らせることのできる障害すらほとんど存在しない。多数派が抵抗を受けて、自らが踏み潰してきた人びとの嘆きに暫し耳を傾ける時間を与えられることもない」(5)。「歴史の欠如」が現在の価値を相対的に高め、自己を肯定し、インディアンを視野に入れることなく「踏み潰」すような精神構造が形成された。歴史の審判を経ない人びとは一気に特定の方向へと向かうことを躊躇しない。

フロンティア研究の大家である歴史家のフレデリック・ジャクソン・ターナー（Frederick Jackson Turner）は、アメリカ合衆国西部の風景は入植者たちによって一般に不毛で殺伐なものとして受け取られたとしながらも、観念的な民主主義の発展との関係から肯定的に捉えられた面もあるとして、次のように書いている。「西洋の民主主義は、生まれた当初から観念的な性格が強かった。それゆえ、より高次の社会を求める人びとの闘争の物語のなかで、新しい章を書くための無垢で白紙のページとして表象される荒野は、人びとの心に強く訴えたのである」[6]。旧大陸からの植民者が理想の世界を築くために、アメリカ合衆国は白いキャンバスとして美化される必要があった。父祖伝来の土地を有しないがために、理念先行の国家を築かざるを得なかったという面もある。理念によって幻視されたタブラ・ラサで、先住民は夾雑物として捉えられた。自己の論理を強制して他者を境界線の向こう側へと囲い込む、という思考方法はここに始まる。近代的な境界線の論理は、過去や他者をも受け入れるボーダーランズが生まれる可能性を捨てることによって成立している。

歴史を欠いた人びとにとって「境界線」は便利な道具である。それは時間や空間の躍動をいったん止めることができるからだ。「年表」のような空虚で均質な時間と「地図」のような空虚で均質な空間のなかで、時間と空間は境界線によって切断され、意味のつながりとは無関係に整理される。しかし、現実には、時間や空間は単純な線分で分類することはできず、ボーダーランズのように現在と過去は交流し「いまここ」は同時に他の場所の痕跡を残している。

アメリカ合衆国による境界線の囲い込みとは、たとえば、インディアンを不毛の地に囲い込んだ無数の保留地や、第二次世界大戦中に日系アメリカ人を収容した一〇カ所の強制収容所である。彼らは鉄条網によって「直線」で区画された土地の向こう側へと集められ区別され差別された。境界線がもたらす発想によって「アメリカ人」は反転しながら均質なものとして創出される。時代時代において「非アメリカ人」を特定し囲い込み、彼らを鏡として映し出される反転した姿を「アメリカ人」として創造し続けるのである。そこには歴史によって培われる伝統は介在しない。

フロンティアの衝撃を迎え入れる視点からインディアンが駆逐される過程を詳細に描いた『インディアン・フロン

ティア』[7]で初めて出てくる「境界線」は、西漸運動が終了した後にインディアンが隔離された保留地を示す地図である。それは認識上の移動可能な境界線ではなく、幾可学的な固定された線分である。

4　遍在するボーダーランズ

境界線および南西部に広がる荒野の問題についてさらに見てみよう。アメリカ合衆国における環境史学の草分けであるロデリック・ナッシュ（Roderick Nash）は、アメリカ合衆国における荒野への意味づけの特徴を指摘している。「白人にとって自然とは荒野のことだった。そこは、野生動物と野蛮な人びとが無数に生息している場所である。しかし、スー族のような放浪する狩人にとって、荒野と文明を区別することになんの意味があろう。彼らにとって、野生動物と飼い慣らされた動物のあいだに差はないのである」[8]。ヨーロッパからの入植者は駆逐するものとしての自然を開拓し、スー族にとっての自然は生活圏と一体化していた。

スー族には、人間と動物のあいだの境界線さえもが稀薄に映った。人間の時間と動物の時間は交錯し、現実の時間と神話の時間は溶け合う。反近代的で神話的な性質を付与された薄墨色の境界線は、生物と無生物の境界線、現実と神話を隔てる境界線なども曖昧にさせる。アメリカ合衆国の作家であり人類学者であるカルロス・カスタネダ（Carlos Castaneda）は、ヤキ・インディアンのブルッホ（呪術師）であるドン・フアンという人物の力を借りて、コヨーテの声を聞き、ペヨーテ（植物）と言葉を交わす[9]。また、チカーノを代表する作家の一人であるルドルフォ・アナーヤ（Rudolfo Anaya）の小説[10]では、ニューメキシコ州のヤーノ（大平原）に暮らす少年アントニオは、ウルティマと呼ばれる老女のクランデーラ（祈祷師）から神話の時間を生きるよう教えられる。チカーノにとって重要な教訓はまず、彼らが祖先から受け継いできた時空間に対する認識である。近代的な境界線（認識）から解放されることで、ボーダーランズは動きだし、他の時空間への通路となる。

よって、ボーダーランズはメキシコとアメリカ合衆国の国境地帯においてのみ現れるわけではない。メキシコ圏で広く信仰されている「グアダルーペの聖母」や、オフレンダと呼ばれる祭壇（先祖やキリストや聖母やその他多くのオブジェが置かれている）は異界への通路となっている。時間と空間の境界線を越えるという意味において、この場所もまたボーダーランズである。メキシコを代表する詩人であるオクタビオ・パス（Octavio Paz）が述べた「われわれが今いる場所に居続けながらも、われわれの真の存在は他の場所にあることの、同時的認識である。われわれは他者なのである」[11]という言葉も同じことを述べている。インディオとスペイン人の混血を自覚しているメキシコ人にとっては、自らのうちに「他者」を感じることは容易であり、そこから敷衍して、歴史であれ地理であれ純粋で均一なものはあり得ないという確信がある。

5　詩という特権的な表現形式

動きを閉じ込める性質をもつ言葉を用いて、チカーノはボーダーランズを作り出す。チカーノの作家であるアントニオ・ブルシアーガ（Antonio Burciaga）が国家言語に抗するようにして、英語とスペイン語とナワトル語とカロ（チカーノによる混成言語）を混在させて書いた詩は、チカーノのアイデンティティを言葉によって表現しようとする最良の例の一つである。多様な言語を同一平面上に使用することで、チカーノの身体にはさまざまな時空間が存在していることを示す。いくつもの境界線を抱えている者にとって、思考はそれ自体が越境をともなう旅なのである。

Poema en tres idiomas y calo

Españotli titlan Englishic,/ titlan náhuatl titlan Caló/¡Qué locotl!/ Mi mente spirals al mixtli,/ buti suave I feel cuatro lenguas in mi boca. / Coltic sueños temostli/ Y siento una xóchitl brotar/ from four diferentes vidas.

I yotl distictamentli recuerdotl/ cuandotl I yotl was a maya,/ cuandotl, I yotl was a gachupinchi,/ when Cortés se cogió a mi great tatarabuela,/ cuandotl andaba en Pachucatlán.

I yotl recordotl el tonatiuh/ en mi boca cochi/ cihuatl, nahuatl/ teocalli, my mouth/ micca por el English/ e hiriendo mi español,/ ahora cojo ando en caló/ pero no hay pedo/ porque todo se vale,/ con o sin safos.[12] (39-41)

三言語とカロによる詩

英語に紛れ込むスペイン語／ナワトル語のなかの、カロのなかのスペイン語／なんてことだ！／私の心は雲へと螺旋状に上っていく／私の口はなめらかに四つの言語を紡ぎ出す／ゆがんだ夢はついえ／四つの別々の生活では新しいつぼみの予感

私ははっきりと覚えている／マヤ人だったときのこと／スペイン人だったときのこと／コルテスが私の偉大な祖母を蹂躙したこと／南西部を歩き回っていたことも

私は太陽を覚えている／私の口の中で眠っているのを／女、ナワトル語／神殿としての私の言語は／英語によって殺された／そして、私のスペイン語を傷つけた／いま私はぼろぼろにされたスペイン語の道を／足を引きずりながら歩いている／けれどもなんの問題もない／すべてがうまくいっている／無事であろうとなかろうと

（筆者訳）

エリオットやパウンドが他の国家言語を引用することで人工的に生み出そうとしたと混稍言語とは異なり、ブルシアーガの詩はチカーノが使用する言説そのものであり、ボーダーランズの現実を映し出している。その点について、チカーノの詩人であり批評家でもあるアルフレッド・アルテアーガ（Alfred Arteaga）は「チカーノのアイデンティティは、国家による単純で絶対的な決定権に抗するようにして構成されている。ボーダーランズでチカーノであるということは、国家、文化、言語、人種、民族などの同時に並び立たない定義の間から自分自身を形成することである」[13]と述べている。国民国家のはざまにおいて苛烈な経験を通過したチカーノは、近代の所産であるさまざまな要素を無視して現在を否定し過去へと向かっているわけではない。それはもう不可能である。ポストコロニアルに生きる私たちは、すでに成立している人種や言語、時間や空間などのあいだの境界線を意識せずに生きることはできないからだ。ボーダーランズは国民国家を経験したあとの私たちの、新たな方法論に基づく過去や他の場所との交流によって生み出されるトポスである。

6　物質が換起する想像力

同一平面上に異なった時間と空間をもつイコンを布置し、異なった出自の言葉を並立させることによって動きをもたせる方法の根底には「物質的想像力」がある。科学哲学者のガストン・バシュラール（Gaston Bachelard）による「物質的想像力」は、ボーダーランズあるいは「アストラン（アメリカ合衆国南西部にあるとされるチカーノの精神的故郷）」の存在様態を説明するにもっともふさわしい概念の一つである。彼によれば「故郷というものは〈空間〉の広がりというより物質だ、つまりは花崗岩あるいは土、風あるいは乾燥、水あるいは光なのである。その中においてのみわれわれはおのれの夢想を物質化し、それによってのみわれわれの夢はおのれに適した実体を捉える」[14]。

チカーノが、物質的想像力を最大限に利用する伝統は、現代を生きる作家たちにも引き継がれている。一九七六年にメキシコのグアダラハラで生まれ、八歳のときにロサンゼルス郊外のエルモンテに移住した小説家のサルバドール・プラセンシア（Salvador Plascencia）が描く風景は、メキシコ人とチカーノがどのように時間や空間を捉えているかを端的に示している。自然の風景や人間の心理に関する描写は極力おさえられて「物質」に焦点がおかれ、そこから喚起される想像力が五感を通して描写される。

エルモンテの町は、ラス・トルトゥガスから北に一四四八マイル、グアダラハラの街からは一五〇〇マイル離れていた。闘鶏もルチャリブレの闘技場もなかったけど、クランデロのお店とか、モツの煮込みを売る屋台とか、カトリック教会の鐘の塔は北に移動してきていて、花やスプリンクラーシステムのあいだに落ち着いていた。もともとエルモンテに住んでいたのは、サンタフェの道や舗装されたルート六六を通って東部からやってきた人たちだったけれど、そのうちにみんなエルモンテを離れて、アーケイディアやパサデナの丘地に引っ越していった。花摘み労働者の雑踏も、メヌードの屋台でことこと煮えているオレガノとラードの匂いもない町に(15)

プラセンシアの視線は、物質のなかに堆積している時間や空間に注がれる。人びとはそのようなトポスを共有することによって結びつく。視線の種類や強度によって共同性は棲み分けられ、それぞれのボーダーランズは現実の共同体と同じ重さで、あるいはそれ以上の重さをもって彼らのアイデンティティ構成に寄与している。チカーノが提示する新しい共同性と記述の根底にある「物質的想像力」は、境界線によって縛られた現実の空間や時間を解き放つ力を備えているのである。

おわりに

グローバリゼーションは西漸運動の別名である。フロンティアは北アメリカ大陸を東から西へと横切ってさらに太平洋を横断し、極東の私たちの生活にまで影響を与えた。したがって、ここで論じたことは私たちの生活と無縁ではない。

グローバリズムがもたらす種々の問題に対して、たとえば、ローカリズムを持ち出しても、それは同じ現象を異なる視点から見ている対抗概念にすぎないから、根本的な解決にはならないだろう。

ここで提示したボーダーランズという概念は、従来にはない認識方法による新しい表現方法を通して、異なった位相において人びとを結びつける。とくに、これまで虐げられてきた人びとを救い出す力を有している可能性を秘めている。すでに私たちの周囲に張りめぐらされた思考方法に沿って考えるのではなく、時間的にも空間的にも取り上げられずにきた人びとや出来事に焦点を当てる。

国境地帯において揺れ動き続ける境界線はボーダーランズを生み、私たちの凝り固まった思考と既存のパラダイムを相対化する。それらの歪みと偏りを是正する試みの可視化・言話化は、もうひとつの歴史や地理や国家のあり方を確かに映し出しているのである。

注

(1) ジャン・ボードリヤール『アメリカ：砂漠よ永遠に』田中正人訳（法政大学出版局、一九八八年）一三三頁。

(2) 歴史の重層性について、科学哲学者の野家啓一が提示した喩えは、メキシコ人やチカーノの歴史の見方にきわめて近い。「一枚一枚の透明なガラスの板にそれぞれ別個の図柄が描かれ、それらがうずたかく積み重ねられているというイメージ。それぞれの図柄が個々の出来事を表示しており、積み重なったガラス板の厚みが時間的距離になぞらえられる。われわれはこの重層的なガラス板を上から覗き込んでいるのである」（野家啓一『物語の哲学』（岩波書店、二〇〇五年）二七三頁。

（3）加藤薫『二一世紀のアメリカ美術　チカーノ・アート――抹消された〈魂〉の記憶』（明石書店、二〇〇二年）を参照。

（4）岡田泰男は『フロンティアと開拓者：アメリカ西漸運動の研究』（東京大学出版会、一九九四年）でフロンティアの定義の難しさについて述べたうえで「フロンティアとは、新しいコミュニティが形成される場所である」（42）と問題意識を共有している。

（5）トクヴィル『アメリカのデモクラシー』第一巻（下）松本礼二訳（岩波文庫、二〇〇五年）一四三頁。

（6）Frederick Jackson Turner, *The Frontier in American History* (New York: Dover Publications, inc., 1996), p.261.

（7）Robert M. Utley, *The Indian Frontier: of the American West 1846-1890* (Albuquerque: University of New Mexico Press, 1984).

（8）Roderick Nash, *Wilderness and the American Mind* (New Haven and London: Yale University Press, 1982), p.xiii.

（9）カルロス・カスタネダ『呪術師と私』真崎義博訳（二見書房、一九七四年）「ドン・ファンは、自分の先生を語るときにディアブレロ（diablero）ということばを使った。（中略）それは黒呪術を使って鳥、犬、コヨーテ、その他どんな動物にも姿を変えられる人をさしている」一四頁。

（10）ルドルフォ・アナーヤ『ウルティマ、ぼくに大地の教えを』金原端人訳（草思社、一九九六年）。

（11）オクタビオ・パス『弓と竪琴』牛島信明訳（ちくま学芸文庫、二〇〇一年）。

（12）José Antonio Burciaga, *Undocumented Love* (San Jose: Chusma House Publications, 1992), pp.39-41.

（13）Alfred Arteaga, *Chicano Poetics: Heterotexts and Hybridities* (Berkeley: U of California, 1997), p.10.

（14）ガストン・バシュラール『水と夢』小浜俊郎／桜木泰行訳（国文社、一九四二年）一九頁。

（15）サルバドール・プラセンシア『紙の民』藤井光訳（白水社、二〇一一年）三三二頁。

第二章

移民の教会としてのカトリック

――非WASP社会の形成とその社会的上昇

はじめに

アメリカ合衆国の移民の歴史を育んできた代表的な都市ニューヨークにおいては、エスニック・グループのための多数の祭日が祝われている。今日のニューヨークで、毎年大規模なパレードなどを行い、とりわけ盛んに祝われているものと言えば、三月一七日のセント・パトリック・デーと一〇月第二月曜日のコロンバス・デーの二つということになろう。前者はアイルランド系アメリカ人の祝祭、後者はイタリア系アメリカ人の祝祭と位置づけられている。いずれもカトリック国からの移民グループによるエスニックテイストに溢れた祝祭である。

ケルト人のキリスト教徒の子としてウェールズに生まれた聖パトリックは西暦四三〇年代に宣教のためにアイルランドに渡った。土着のドルイドの信仰を守っていたアイルランドはその結果、当時のドルイド（宗教指導者）が「わがドルイドはキリストなり」と宣言してキリスト教に改宗したと言われる。カトリックでありながら、ドルイドの信仰との結びつきが深く、アイルランドの風土と深く馴染んできたのがアイルランドのカトリックであった。その信仰のあり方に民族的アイデンティティを求めるアイルランドからアメリカ合衆国に渡った移民たちは、現在のアイルランド共和国の祝祭日でもある聖パトリックの祝日を、祖国アイルランドの人びと以上に大切に祝ってきた。アメリカ合衆国での祝祭の規模の方が、アイルランド以上に大きいと言われている。[1]

聖パトリックはローマ・カトリック教会が列聖した聖人である。つまり、アイルランドのカトリックも、他の地域のカトリック教会と何ら変わるところのない、正統かつ普遍的教会であるというのが公的な考えである。しかし、祖国を離れたアイルランド系アメリカ人にとっては、カトリックであることとアイルランド系であることは分かち難く自らを築き上げるアイデンティティとしてとらえられている。現在のアメリカ合衆国ではさまざまな人種・民族の人が「パトリック」「パトリシア（パトリックの女性形名）」を名乗っているが、元は祖国アイルランドに強い郷愁や愛国心を抱く、アイルランド系の家庭の子供に名付けられたのが、この名前であった。その祖国を象徴する聖人の祝祭日に、アイルランドのシンボルカラーである緑色の服やアクセサリーを身につけ、これもアイルランドのシンボルであるクローバーの一種シャムロックの飾りをまとい、アイリッシュパブでアイリッシュビールを飲み、パレードを祝うのは、今やアイルランド系の人びとだけではなくなった。極めて民族的な要素によりアメリカ合衆国に持ち込まれた祝祭が、他のエスニック・グループ出身者にも受け入れられるようになっていった例である。[2]

一方、一〇月のコロンバス・デー（コロンブスの日）は言うまでもなく、一四九二年一〇月一一日にサン・サルバドル島に上陸し、アメリカ大陸を「発見」することとなったクリストファー・コロンブスを、その上陸三〇〇周年にあたる一七九二年以来祝ってきた祭日である。これを最初に祝ったのが、一七八六年にニューヨークで組織された政治グループ、タマニー・ホールであるというのだから、コロンバス・デーが本来はイタリア系を祝うことが主たる目的でなかったことは明らかだ。タマニー・ホールはニューヨーク市議会における民主共和党の一大勢力として台頭し、一八三〇年代の民主党合流後はアイルランド系の移民居住地区を票田としながらニューヨーク市政を牛耳る政治マシーンを作り上げたグループである。[3]

コロンブスの祝祭と言えば、ヨーロッパ人とアメリカ大陸との出会いという名目から、一部の州を除くアメリカ合衆国全土で公式祝日・休日として扱われてきた。しかし、一九七〇年代・一九八〇年代の多文化主義の再認識の時代を経て、この休日は別の意味合いを与えられてきた。すなわち、アメリカ合衆国におけるカトリックと、さらなる狭義であるイタリア系エスニック集団の祝祭という役割である。[4] コロンブスがアメリカを発見したとされる一四九二年は、奇しくもコロンブスを送り出したスペインが七〇〇年に及ぶイスラム教徒との戦いに終止符を打ち、国土回復（レコンキスタ）に成功した年でもある。同年に発見された新大陸が、スペインの経済的発展と同時に、キリスト教発展の実践の場となっていったことに不思議はない。アメリカ新大陸の先住民への宣教と同時に、一五四九年に聖フランシスコ・ザビエルが宣教目的で日本に到来したことは、私たち日本人にとっても、同じ文脈で繋がっている。宗教改革の波が押し寄せる直前の一五世紀末に、カトリック地域としてのヨーロッパが新たなる宣教の地を見いだしたことに、そしてそれがアメリカであったことに、アメリカ合衆国の主流であるＷＡＳＰ（White Anglo-Saxon Protestant）に組み込まれないカトリック国出身のアメリカ人たちは力点を置いて、この祝日を説明づけるのである。つまり、プロテスタント的視点に立ってアメリカ人が「メイフラワー号の到来が民主主義アメリカの歴史を創始した」と言うように、カトリックのアメリカ人は「（熱心なカトリック信徒であるコロンブスをリーダーとする）サンタ・マリア号の到来がキリスト教国アメリカの歴史を創始した」と強調してきた。[5]

さらに近年、コロンバス・デーはイタリア系アメリカ人の祝祭の様相をいっそう強めてきた。ニューヨーク市におけるアイルランド系とイタリア系は、同じカトリック信徒であるからこそ、厳しい対立を重ねた。移民として後発のイタリア系は教会総本山ローマの膝元からの移民でありながら、アイルランド系がそうしてきたように、時代的に早く到来し、教会を中心としたコミュニティを築き、政治家と移民が互助的組織を有機的に機能させるという恩恵には与れなかった。現在、ニューヨークにおけるイタリア系の多くが共和党支持なのは、民主党のアイルランド系への対抗感情のためだとも言われている。このような新移民に属するイタリア系が、アメリカにおけるヨーロッパ人の歴史の第一歩を築いたイタリア人コロンブスに自らのアメリカにおける正当性や地位を求め、コロンバス・デーにイタリア人のエスニシティを祝う祭日の性格を与えていると考えられる。この主張が近年、より明確にパレードなどの演出に表現されるようになった。これは、一民族の祝祭が他のアメリカ人に受け入れられたセント・パトリック・デーとは逆の進展を見せた例と言えよう。全国的・全民族的な祝祭だったものが、特定の民族の祝祭の役割を与えられていったという対比において興味深い。

いずれにしても、アメリカ合衆国の主流WASPには組み入れられないとされてきたカトリック国出身の移民グループは、実際にはアメリカ社会にとって無視できない教勢を誇っている。教派としての信徒数で見るならば、二〇一三年の調査において自らをカトリック信徒と答えた者の数は七八二〇万人（教会の公式記録上は六六八〇万人）となっており、アメリカ合衆国人口の約二五パーセントを占めている。[6] 全人口の約二五パーセントというのは、第二次世界大戦後からほぼ一貫した比率であり、プロテスタントが更なる諸教派に分かれているという組織上の違いはあるとはいえ、一教派としては常に最大の信徒数を擁していることになる。[7] カトリックはプロテスタント国アメリカ合衆国においてはマイノリティではあるが、教派信徒数はアメリカ合衆国において最大であり、また、カトリックがマイノリティとされる国々の中で、アメリカ合衆国のカトリックは最大の信徒数を擁する状況にある。

祝祭の例のように、WASPを構成する価値観を共有しない所謂マイノリティが、アメリカ合衆国において社会に受け容れられていくとは何を意味するのか。強固な組織を持つ教会と膨大な信徒が移民として送り込まれたアメリカ合衆国のカトリックにおいて、その社会への受容はどのような過程を経るのか。彼らの存在によって、アメリカ合衆国の歴史の何が変わったのか。大量移民がアメリカ合衆国に到来する一九世紀後半から二〇世紀前半はその鍵となる時代といえる。本章では、「移民の世紀（一八二〇～一九二〇年）」のアメリカ合衆国において「移民の教会」として複数のエスニックマイノリティを包括し、アメリカ社会、特に都市部の最底辺に流入した人びとを支える教会の果たした役割と、移民たちが社会に受容される過程、社会上昇を果たす過程を検証する。

1　アメリカ合衆国におけるアングロ・カトリックの起源

一般的にローマ教皇をその頂点に戴くカトリック教会は、ユニバーサリズムと同義のカトリシズムの言葉が示すとおり「普遍の教会」であり、その普遍性の伝統はヨーロッパに遡るものである。しかし、プロテスタント国であるイギリスからアメリカ合衆国が独立したという事実は、独立期のアメリカ合衆国におけるカトリックに決定的な「アメリカ的」性格を与えた。それはヨーロッパのカトリックとは正反対とも言えるべきものであり、アメリカ合衆国におけるカトリックがマイノリティの教会であったことに起因する。一八世紀の社会革命の中で、フランスのカトリック教会が反革命側、即ち国王側に立ったのとは対照的に、アメリカ合衆国の独立において、アメリカ合衆国のカトリックは独立側に立っていたのである。カトリック教会がイギリス本国において弾圧されていたことがその最大の理由であった。この事実は、アメリカ合衆国におけるカトリック教会が一八世紀、一九世紀を通じて、アメリカ合衆国の革命・独立の精神を肯定的に受け止め、アメリカ合衆国の民主主義思想を理想主義的に追求し、これらのアメリカ的伝統の基盤とされるプロテスタント教会との共存を目指す姿となって現れた(8)。

アメリカ大陸における最初の植民地は、一六世紀を通じてスペインやポルトガル、フランスといったカトリック諸国によって築かれた。イギリスの植民地となる北米植民地の東海岸にカトリックが入植するのは一六三四年のことである。一七世紀ヨーロッパで次々に起こる宗教革命の波の中で、イギリスにおけるカトリック信徒は翻弄されることとなる。国王ヘンリー八世の国王至上令による英国国教会の独立とエリザベス一世によるカトリック刑罰法の強化により、メアリ女王の短い治世を除き、イギリスのカトリックは迫害の対象であった。刑罰法が緩和し、イギリスのカトリック教徒が新大陸植民地に入植するのは、王妃にフランスからヘンリエッタ・マリアを迎えていたチャールズ一世（一六二九～一六四五年）の時代のことである。カトリックに転会（改宗）した貴族であるジョージ・カルヴァートがチャールズ一世より新大陸のポトマック以北を与えられ、カトリックの新天地を目指して植民地計画が作られた。勅許状作成中に死去した父ジョージの計画を受け継いだセシル・カルヴァートが一六三二年に勅許を受けたのがイギリスからのカトリック信徒の入植の始まりである。カルヴァート卿はチャールズ一世への感謝のためにその王妃ヘンリエッタ・マリアの名を記念して、この植民地にメリーランドの名を与えた。[9] 王妃の名であるマリアは、カトリック信仰の象徴とも言える聖母マリアから名付けられていたことは言うまでもない。王妃の存在がチャールズ一世治世下のイギリスの宗教寛容に多大な影響を与えていたことが知られている。[10]

植民地時代のメリーランドには二つの特徴が挙げられる。一つ目は「カトリックの新天地」を目指した信徒たちの多くが貴族階級の出身者だったことである。上述の通り、宗教的に寛容であったチャールズ一世の治世下においてカトリック信徒は切迫した入植の目的を持っていたわけではない。それでもカルヴァートの理想に追随したのはイエズス会の宣教師らとカルヴァートの理想に応ずる余裕と冒険心を持った貴族たちであった。そして、この貴族たちが伴ったのはプロテスタントの使用人たちであった。このことが二つ目の特徴を不可避なものとした。メリーランド植民地では宗教寛容を認める道が選ばれたのである。

ピューリタンらが目指したプリマスやマサチューセッツ湾といった植民地では、カルヴァン派プロテスタントとしての教会の正会員であることが公民資格とされる政教一致社会が築かれていた。カルヴァート卿に同行した宣教師たちも、メリーランドにおいてはカトリックを公教会化させることを望んでいたが、カルヴァートはあくまでも宗教寛容にこだわった。[11] そこにはイエズス会宣教師との勢力争いが背景にあったことも指摘されている。一六四九年に成立する「メリーランド寛容法」は、アメリカ植民地においてはロードアイランド植民地に次いで二番目に入植者の信教の自由を保障する法律となった。

その後、イギリス本国においてカトリックが排除されることとなるピューリタン革命（一六四一～一六四九年）から名誉革命（一六八八～一六八九年）までの流れにこのメリーランド植民地は多大な影響を受け、名誉革命で王位に就いたオラニエ公ウィレムによるプロテスタントの制度化と同時に、メリーランド植民地におけるカトリックは禁止されることとなる。信徒であった裕福な農園主たちはその領地内に礼拝堂を建て、独立戦争までは静かに信仰を守る時代となった。彼らの起死回生の機会は独立戦争において訪れることとなる。記憶されるべきは従兄弟の関係にあるチャールズ・キャロルとジョン・キャロルである。貴族の家に生まれた二人は当時最高レベルのヨーロッパ式の教育を受けた後、チャールズは独立時の植民地議会である大陸会議におけるメリーランド植民地の上院議員として同植民地における独立革命を指導し、独立宣言の署名欄にその名を残し、一方、ジョンはイエズス会宣教師からアメリカにおけるカトリック教会最初の司教となり、神学校に始まる教育機関であるジョージタウン大学を設立した。[12]

宗教改革期以来続く「反カトリック」の風潮がアメリカ合衆国で消えたとは言い難い。しかし、共通の利害をもって植民地のプロテスタントとカトリックが本国イギリスに対して共闘したこと、愛国者としてのチャールズ・キャロルの活躍と、彼に続く政治家たちの登場は、独立期のアメリカ合衆国におけるカトリック信徒の新国家への忠誠心を示すには不足ないものだった。また、カトリック国であるフランスからの支援もアメリカ合衆国におけるカトリックのイメージ好転に寄与した。こうして、再起と共に新しい国家における教会のあり方を創造する機会を与えられた「アメリカのカトリック」は、その普遍性（catholicism）の第一の構成要素と言うべきローマ教会への絶対的忠誠と同時に、新たなる価値観を備えた教会の姿を模索することとなった。すなわち、新しい民主主義国家アメリカ合衆国に対する愛国的忠誠を同時に備える教会である。

2　建国期アメリカにおけるカトリック教会――二つの潮流

チャールズ・キャロルの従兄にあたるジョン・キャロルが新国家アメリカ合衆国における初めての司教に選ばれたことには、その後のアメリカ合衆国におけるカトリック教会の方向性の一つを決定づける重要な意味があった。カトリック教会において現地の教会のリーダーとなる司教を選出するのは、ローマ教皇庁の役割であり、その任命は教皇の名によって行われる。アメリカ植民地生まれのジョン・キャロルは、カトリック教会とアメリカ合衆国の共和主義に親和性を見いだそうとする「リベラルな」司祭であった(13)。

独立革命後、上院議員チャールズ・キャロルに随行してカナダを含む周辺諸地域への初めての外交団に加わったジョン・キャロルは、ベンジャミン・フランクリンとの親交を得る。当初バチカンではアメリカ生まれでない司教をヨーロッパからアメリカに送り込む考えもあったが、ジョン・キャロルはこれに猛烈な反発を示した。新国家アメリカにおける初めての司教区はメリーランド州ボルティモアに置かれることとなり、その長となる司教の選出にあたって、バチカンはフランクリンのアドバイスを得ていたと言われる。ジョン・キャロルが任命された。一七三五年生まれのジョン・キャロルは、ボルティモア司教区が設置された一七八九年にはすでに五〇代であったが、彼よりも年長で司教職に相応しいと考えられていた司祭は他にもいた。それにもかかわらずキャロルが選ばれたのは、フランクリンの影響が大きいと考えられている。つまり、キャロルの「教皇はあくまでもアメリカにおける（カトリック）信徒にとっての信仰上の長である(14)」という言葉から理解される通り、カトリック教会の公教会化を目指すことなく、一七九一年に批准される憲法修正第一条にある「信教の自由」を共に目指すリーダーを建国の父たちがカトリック教会からも求めたということである。ヨーロッパにおいてカトリック国における「教皇至上主義」が盛んに議論されていた一八世紀末に、アメリカの教会が独立性を示したことは極めて異例であり、またアメリカ合衆国の信徒にとっては国家の独立と教会の独立という二重の革新的体験となった。ヨーロッパにおけるカトリック国の政教一致状態は、多くの場合一九世紀を通じて続くものであったことからも、アメリカ合衆国の教会が異例中の異例であることがうかがえる。無論、カトリック教会は組織としてローマから独立することはないが、司教選出のプロセスにおける独立的精神がその後のアメリカ合衆国のカトリック教会に残した意味合いは極めて大きい(15)。

大量移民が到来する前の独立期のカトリック教会において、新たな信徒獲得はプロテスタントからの転会（改宗）を期待することになる。独立直後の当時の状況は、ピルグリム到来以来のプロテスタント的共和国建設という目的の達成から見ても、積極的なカトリックへの転会を促すものではなかった。しかしキャロルはこの準備にとりかかった。他国においては一九六〇年代の第二バチカン公会議まで実現しなかった自国語（英語）でのミサ典礼を行い始めたのである。また、アメリカ合衆国におけるカルヴァン派のプロテスタント教会が行っていたように、信徒の代表による教会運営を取り入れた。カトリック教会においては、聖職者が代表して教会運営を行うこととなっている。このアメリカ合衆国での信徒参加型の教会運営は共和国建設の理念に共鳴するものとなり、広くアメリカ合衆国の信徒に受け入れられた。このように一七八〇年代にジョン・キャロルを指導者として進められた新国家アメリカ合衆国における新たな教会の建設は、共和主義と非常に親和性の高いものとなった。ましてや開拓途中にある西部や、人口比から考えると、計画されている司教区数が圧倒的に足りなかったニューイングランドなどでは、ますます、信徒のリーダーシップが信仰の維持のために重要性を担っていった。その後、キャロルはボルティモアに続く司教区の設置をローマに依頼することになる(16)。

しかし、この司教区増加の認可が、結果的にキャロルのリーダーシップを削ぐこととなった。彼の目指したアメリカらしいカトリック教会は、アメリカ合衆国における唯一の潮流とはならなかった。一七九〇年代にはすでに、キャロルのリベラルな方針を遮る保守的な力が働き始めることになる。一八〇七年、ボルティモアに続くアメリカ合衆国の司教区に、ボストン、フィラデルフィア、ケンタッキー州バーズタウンなどが設定された時には、キャロルが推挙した司教をバチカンは認可した。しかし、翌一八〇八年、ローマはニューヨーク司教区を設置し、そこにアメリカ合衆国をまったく知らないアイルランド人司教を送った。これはキャロルが目指した「アメリカにおけるカトリック教会のローマからの独立」を頓挫させる一歩となる。ミサ典礼における言語の問題も同様に保守化した。一八一〇年に召集される司教会議までの二〇年ほどの間に、司教らが各地の司祭たちに対し典礼言語をラテン語に戻すように命じ始めたのである。[17]

また、キャロルが推挙した司教たちだったが、一八一〇年に非公式で初めて開催された司教会議においては、何ら革新的・改革的な方向性が示せず、キャロルは失望したとされる。この会議ではアメリカ合衆国の教会がローマに追随する姿勢が話し合われ、アメリカ合衆国の教会における保守化の潮流が顕在化することとなった。[18]司祭も信徒も少ないという人口的な必然性から手をつけることのできなかった信徒による教会運営のみが、リベラルの残滓となった。かくしてアメリカ合衆国におけるカトリック教会は、「アメリカ化」を目指した一七八〇年代の流れと、それ以降の反動的な「ヨーロッパ化」を目指す二つの潮流を抱えて、一九世紀の移民の時代を迎えることとなる。後述することになるが、ここで述べた「アメリカ化」は一九世紀から二〇世紀への世紀転換期に、アメリカ合衆国のカトリック教会における「アメリカニズム」という特別な意味を与えられ、教会における論争の中心となる。

3 「移民の教会」のはじまり――旧移民の到来

「移民の世紀」と呼ばれる一九世紀を通じて、そして二一世紀の現代に至るまで、大規模な移民をアメリカ合衆国に向けて送出したのはカトリック国と呼ばれる国々であり、とりわけ産業化の時代に、アメリカ合衆国の都市労働者階級にあって社会の最底辺を担っていたのは、常にカトリック国からの移民であった。この理由はマックス・ウェーバーの『プロテスタンティズムの倫理と資本主義の精神』におけるプロテスタントと近代資本主義の発展との関連性から逆説的に説明づけることができる。中世的なカトリックの世界観においては、職業の貴賤意識が存在した。聖職者が貴い職業とされたことは言うまでもないが、商業や金融業で成功を収めるユダヤ教徒に対して、キリストの架刑以来の憎悪を持つ中世期のカトリック信徒は、彼らの仕事を賤しいものだと考えた。イエス・キリストは大工であり、その最初の弟子たちは漁師であった。額に汗して働く仕事を全うする者こそが教義における救済対象であり、その生活から脱する必要性のない宗教観の中で牧歌的な世界観に留まった農業国は、ヨーロッパやアメリカ合衆国をめぐる近代化の中で産業化から乗り遅れたのである。この職業観は、近代資本主義社会への世界的な変化の中で、カトリック国の人びとが中産階級化することを著しく遅らせた。はたして、一九世紀半ば以来アメリカ合衆国に押し寄せた移民も、カトリック国の出身者たちであった[19]。

アメリカ合衆国における所謂「移民の世紀」が始まるのは一八二〇年頃と考えられている。あらゆる政治的整備を行った建国期を終え、一八〇三年のジェファソン大統領による「ルイジアナ購入」に始まる広大な西部の獲得により、アメリカ合衆国は一世紀にわたる国土整備のための膨大な事業を開始することとなる。これは大量な労働移民の呼び水となった。移民史で言うところのプル要因である。同時期にプッシュ要因（送出する原因）を持つ国々から移民が、このプル要因に応じて到来することとなる。一八一二年の米英戦争を境に、アメリカ合衆国への移住者の中心は、イギリス出身者から様相を変えていくこととなった。同時に、上流階級出身者の小規模な教会であったアメリカ合衆国のカトリックは、大きくその性質を転換し、新たな役割を与えられていく。一九世紀の移住のプッシュ要因を持つ国々が、カトリック国だったからである。[20]

南北戦争の起こる一八六〇年代以前（アメリカ史では戦前を意味する「アンテベラム期」と呼ぶ）の移民を構成したのは、アイルランド出身者とドイツ語圏出身者である。植民地時代にアメリカ合衆国に到来していたアイルランド人は、そのほとんどがイギリスの影響力の強かったアルスター出身の「スコッチ・アイリッシュ」であり、出自もイングランドやスコットランドに繋がるプロテスタントであり、その意味で彼らはWASPの一部であると言える。しかし一九世紀のアメリカ合衆国に目立って到来するようになるのは、民族的にはケルト系に属し、元々はゲール語を話していたカトリック信徒のアイルランド人である。一六九一年以来イギリスの国外植民地の立場にあったアイルランドは、一八〇一年にグレートブリテン王国に併合され、完全に自治権を失った。部分的には、この状況がアイルランドからの政治亡命者を送出する要因となる。したがってこの一九世紀初頭のアイルランドからの移民は比較的裕福な家柄の出身者が多く、アメリカ合衆国到来後もとりわけ都市部において、積極的に政治に関わるグループを作っていった。このアイルランド併合は、実際には一九世紀を通じて、次第にカトリックへの弾圧が弱まる方向に機能していく。しかし、新国家アメリカ合衆国に可能性を求める者は後を絶たなかった。[21]

その後に続く一八四五年から一八四九年まで続いた「ジャガイモ飢饉」はアメリカ移民史における一つの分水嶺と言えよう。苛烈な農業不況、人口過剰、それらに起因する必然的な長子による相続や結婚持参金の習慣が、アイルランドの若者が祖国に留まり得ない状況を生み出した。アイルランドからの移民には女性も多かった。この女性たちは丁寧な仕事ぶりなどを評価され、住み込みの家政婦などになった。優秀な者には教職に就く者もあった。中産階級に接触する機会が男性より多かったこのような女性たちの方が、社会上昇に成功したという見解もある。[22] 男性たちは技術を持たない労働力として、貧しい労働者階級に組み込まれていった。アイルランドからの移民には彼らに続く他地域からの一九世紀の移民グループとは決定的に異なる特性があった。長くイングランドの属国であったために、英語の使用に不自由しなかったことである。彼らはアメリカ合衆国におけるカトリック教会、政治、労働運動での指導的役割を果たしていく。

産業革命「後」の時代が始まるこの一九世紀半ばの時期に、産業革命によって生まれた中産階級と労働者階級の両方にアイルランドからの移民たちは流入した。これはアメリカ合衆国におけるアイルランド系に相互扶助の関係を生み出すことになる。政治的に有名なものにはニューヨークのタマニー協会を中心とする民主党のマシーン政治があげられる。政治家たちがニューヨークやボストンといった都市部において、新たに到来した移民たちに仕事（顕著なものに警察官、消防官、郵便局員といった当時の労働者階級に属する公職）を斡旋し、移民たちが選挙権を得た後には彼らからの投票を期待するというものである。逆説的ではあるが、このような公職を与えられたために、その仕事に安住し、都市部のアイルランド系に階級上昇の遅れが見られたという指摘もある。[23] アメリカ合衆国初の労働組合である「労働騎士団」も二代目の会長としてテレンス・V・パウダリーが就任し、アイルランド系移民と労働運動との関わりを際立たせていくことになる。[24]

このように労働者階級に多くの移民を受け入れることとなったアメリカ合衆国のカトリック教会は、信徒らの精神的支柱であるだけではいられなかった。経済的に困窮し、それまでのアメリカ社会を様変わりさせてしまった主役として差別と偏見の対象となった信徒たちを救済する必要に迫られるのである。その際、アメリカ社会に受け容れられることを目指す「アメリカ化した教会」か、ヨーロッパの伝統を残す「ヨーロッパ的教会」か、どちらに則って信徒と向き合うべきかを司教や司祭らは選び取らなければならなかった。

労働者階級に編入されていくアイルランド人は、信仰のスタイルにおいても中産階級に入っていったアイルランド人とは異なる雰囲気を持っていた。農村出身で、教育も低く、宗教改革に対抗しながら教義を洗練させていったカトリック教会の当時の様相が、都市部のようには反映されない地方の教会で育った彼らは、中世的で盲目的に敬虔な信徒であった。彼らは都市部の教会で育ったアイルランド人の同胞から見ても異質であり、ましてや彼らが流入したプロテスタント国アメリカ合衆国の都市部においては、その異質さは際だっていた。アメリカ合衆国においては、この信徒たちを新しい社会に受容されるような洗練された教義をもって指導するという方針も当然考えられよう。しかし、フランス革命において旧体制の指導者層から聖職者が排除され、教会が弾圧される体験を経たヨーロッパのカトリック教会では、むしろこのように純朴なまま中世的価値観を維持し、教会への服従を当然の旨とする信徒たちを変えたくないという思惑もあった。このような純粋で敬虔なアイルランド人たちにとって、家族から聖職者が送り出せることは誇りであった。アメリカ合衆国に到着したアイルランド人たちは、フランス人を中心とする海外宣教師の指導ではなく、自らの同胞の司祭たちの指導を移住当初から当たり前のように求めたのである[25]。

この移民の世紀を振り返れば、アイルランド移民を導いた教会指導者の中ではアメリカ合衆国の共和主義を受け入れたリベラルな司教らの活躍が先に注目される。一八二〇年にサウスカロライナ州チャールストン司教に着座したジョン・イングランドは、自身がアイルランドからの移民である。イギリスによる併合に起因するカトリック刑罰法施行中の一八〇八年に司祭に叙階されたイングランドは、イギリスによるアイルランド教会支配に反発する運動に参加した経歴を持つ。宣教師としてアメリカ合衆国で活動することを教会に求め、それが、南部ノースカロライナ州・サウスカロライナ州・ジョージア州を管轄するチャールストン司教区設置に伴う司教着座として認可された時、面積としては広大なこの南部の司教区は僅か三人の司祭と五〇〇〇人の信徒のみを擁するマイノリティの教会だった。大西洋岸南部は入植の経緯から見ても、本国イギリスの重商主義政策によって拓かれた植民地であり、その住人の中心は英国国教会信徒とその流れを汲む聖公会（監督派教会）信徒である。アイルランドでのイギリスによる宗教的弾圧を経験し、アメリカ合衆国においてはマイノリティとしての司教区を任されたイングランドは、憲法によって国教会を設置せず、信教の自由が守られるアメリカ合衆国の教会のあり方を強く支持した。国教会制度にこだわる古い教会から転換し、「自由社会における自由な教会」を目指す理想をイングランドは訴えている。散在していた少数の信徒をまとめ、プロテスタントが圧倒的に主流の地域で司牧し、貧しい教区のためにヨーロッパへの資金集めに奔走もした。強い反対を受け、短期間の開校ではあったが、マイノリティであるカトリックの立場から、黒人の子供向けの無償の学校の設立にも携わった。南部の小さな教区の司教ではあったが、ジョン・イングランドの精神は一九世紀のその後のカトリック教会におけるリベラルな司教・司祭らの草分けとなっていった。(26)

イングランドの対極にいたのが、一八四二年にニューヨーク司教に着座し、同司教区が大司教区に昇格した一八五〇年に初代ニューヨーク大司教となったジョン・ヒューズである。ヒューズもまた、アイルランド生まれで二〇歳の時にアメリカ合衆国に移住している。自らも三年ほどは建築や鉄道の現場での労働に従事した後に神学教育を受け始めた。若い頃より弁舌に長け、移民排斥を主張するネイティビストたちとの口論では常に聴衆を味方につけ、「ダガー・ジョン（短刀のように切れ味鋭い男）」と渾名された。「移民の世紀」に大量の移民を受け入れ続ける大都市ニューヨークで、一八四〇年代から教会指導者となったヒューズの一八六四年までの生涯は、アメリカ憲法によって保障される公民権と信教の自由を移民らのために勝ち取るための、ネイティビストとの闘争の日々だった。しかし、その方針は彼の着座と同年に死去したイングランドとは、まったく違う方向性を示していた。(27)

ヒューズはカトリック信徒の家庭の子弟は、プロテスタントの子供たちと同じ学校に通うべきではないと考えていた。一九世紀前半は、東海岸で公教育制度が次第に導入され始める時期にあたるが、一八三九年から一八四〇年にアメリカ聖書協会が、公立学校におけるプロテスタント（欽定訳）聖書朗読の必要性を主張した。プロテスタントが多数派を占めるアメリカ合衆国において、この考えは自然に受け入れられた。公立学校が導入されている場合も、そうでない場合も、プロテスタントが主流である社会で、学校での宗教教育はプロテスタントの信仰を基盤に行われるようになっていた。「ダガー・ジョン」は、ニューヨークにおける教会学校設立の急先鋒だった。一八三〇年代までに、多くの教会の地下室などに併設されていた学校を、公立学校と並ぶ教育施設に拡充していくことを目指して、ヒューズは二年をかけて一八四〇年までに、教会学校運営費用を公的資金に求めることに成功した。ヒューズの言葉である「学校を先に立てよ。教会はその後に」は一九世紀を通じてのカトリックの教育者と教区学校のスローガンとなっていった。

ヒューズの運動の結果、ニューヨークにおいては彼が亡くなる一八六四年までに、市の七五パーセントの教区に学校が併設され、カトリックのシスターやブラザーらが教師として招かれた。学校の例に見られる通り、ヒューズは移民として「アメリカの自由」を尊重しつつも、それが教会と教義を変質させることに対して強い警戒を示した。ヒューズは、ヨーロッパの教会とは異なる信徒による教会運営のあり方についても強く反対している。(28) 同じアイルランド系でありながら、ヒューズはジョン・イングランドとはまったく異なる系譜の源となっていく。カトリックの家庭の子弟を公立学校に通わせ、アメリカ合衆国の価値観を学ばせた上で、プロテスタントのアメリカ人からも受け入れられ、尊敬される人材を輩出しようとしたリベラルと、ヒューズの系譜を汲む保守のグループは、その後教会内で鋭く対立していくという構図ができ上がる。

ドイツ語圏からの移民の流入により設置されていくドイツ系移民のためのカトリック教会は、ヒューズの方針に与していくことになる。ドイツ系アメリカ人というのはどの時代の世論調査においても、イギリス系を除くエスニシティ別で最大値を示すが、宗教的に見ればその半数はルター派のプロテスタントである。ドイツ語圏における「ジャガイモ飢饉」級の農業不況が起こったのは一七七〇年代のことであり、一九世紀に入ってからの移民送出の原因は一八三〇年代のコレラの流行や一八四〇年代の広範囲に及ぶ飢饉という、比較的規模の小さいものだった。しかしこのような要因はシレジアを中心とするカトリック圏への影響が大きく、一九世紀のドイツ語圏からアメリカ合衆国への移民は、カトリック信徒が中心となっていった。一九世紀半ばまでの移住者は、アイルランド系に比べれば社会の最底辺という構成ではなく、アメリカ合衆国到着後、中西部の農村地帯へと入っていく余裕があった。オハイオ州シンシナティ・ミズーリ州セント・ルイス・ウィスコンシン州ミルウォーキーというドイツ系集住地帯を結んで「ジャーマン・トライアングル」と呼ぶことがある。ドイツ同様に大麦の収穫が盛んで、ビールの生産でも有名な地域である。しかし当初内陸に向かった彼らも含めて、ドイツ系は一九世紀後半の重工業化の時代に向けて、多くが都市部に移動することになる。石炭・鉄鋼・化学工業、また動力系の仕事は彼らの得意分野となっていった。[29]

　アメリカ合衆国の都市部に到着したドイツ系は、その教会の状況に戸惑いと嫌悪感を示した。町中の教会がアイルランド系に独占されていたからである。それは、カトリックのドイツ語圏から来た彼らがアメリカ社会においてマイノリティであるばかりでなく、カトリック教会においてさえ、マイノリティとして扱われることを意味していた。これはドイツ系に限ったことではないが、ヨーロッパにおいてカトリック圏に生まれ育った者は、少なくとも祖国の教会において、マイノリティであったことはない。アイルランド系がそうであったのと同様に、ドイツ系もまた自らの指導者を求めた。ドイツ系の移民には言語の問題もあった。カトリック教会において、言語は重大な意味を持つ。洗礼や結婚を含むカトリックの秘跡（司教・司祭によって執り行われ、神の恵みを直接人間に伝える儀式）の中に、「ゆるしの秘跡（Confession）」がある。これは信徒が司祭を通じて神に対して罪を告白し、神からのゆるしと和解を与えられるというものだが、カトリック信徒の死生観の中では重大な部分を占めてきた。罪の告解が自言語で行えないことは信仰上の大きな問題となった。そればかりではなく、生活や倫理観の構築など自らのアイデンティティが信教によって支えられている人びとにとって、言語と教会は分かち難く結びついている。

このため、ドイツ系のカトリック移民らはドイツ系のための教区創設に尽力した。このような特定のエスニック・グループのために設置される教区のことを「ナショナル・パリッシュ」と呼んでいる。ナショナル・パリッシュができると、多くの場合はその教区に学校や保育園が併設された。孤児院、養老院、病院などを併設する教区もある。そのような学校ではカトリックの信仰と、自分たちの言語を基盤とした教育が施された。

アメリカカトリック史家のジェイ・ドランは、教区学校の設立志向において、アイルランド系とドイツ系が明確な違いを示したことを指摘している。一九世紀後半のアイルランド系の八七教区においては、二年以内に教区学校を設置した教区が二七パーセントであり、一〇年かかっても半数に満たないほどの教区しか教区学校を設置しなかった。これはその他の教区においては、多くの子弟が公立学校に通っていたことを示唆している。一方でドイツ系の二七八教区の事例では、六五パーセントの教区が二年以内に、一〇年以内であれば八六パーセントもの教区が教区学校を併設していったというのである。[30] これはドイツ系の司祭も信徒も共に、教区学校を設置する強い必要性を認識していた結果に他ならない。

移民史の例に漏れず、これらの教区学校で学んだ子弟たちも、いずれはアメリカ社会の中産階級へと社会上昇を果たし、アメリカ社会に受け入れられていく。とりわけ白人であり、北西ヨーロッパの出身である旧移民のグループは比較的順調にその流れに乗っていった。しかしながら、移民の経験は常に、出身国の価値観とアメリカ社会の価値観との間を揺れる振り子である。英語を話さないドイツ系の教区学校は、移民たちがヨーロッパから持ち込んだ文化や価値観を維持するために、重大な役割を果たした一例と言えよう。このようなナショナル・パリッシュや教区学校の設立にあたって、ドイツ系の司祭たちの後ろ盾となっていたのが、保守と呼ばれるアイルランド系の司教たちだったのである。[31]

なお、ここでは蛇足となるが、このように順調に育まれたドイツ系の文化は、第一次世界大戦時におけるアメリカ社会の嫌独観によって、徹底的に破壊されることとなる。一〇〇パーセントアメリカニズムを掲げた世論を恐れ、このようなドイツ語系のナショナル・パリッシュは、そのほとんどが教区学校を閉鎖し、ドイツ語教育を断念したためである。

4　ネイティビズムの標的——「新移民」の到来

プロテスタント的気質によって建国期を醸成し、「移民の世紀」を迎えたアメリカ合衆国は、その移民たちの実態が余りにも建国期の系譜に連なる自分たちとは異なるという嫌悪感、すなわち「ネイティビズム（移民排斥感情）」を募らせていった。ルイジアナ購入によって西部に広大な領土を得る直前の一八〇〇年のアメリカ合衆国は、我々がWASPと呼ぶ人びとによる比較的単一的な社会であったと考えられている。それが一八二〇年から一八三〇年の一〇年間に一四万三〇〇〇人の移住者がアメリカ合衆国に到着し、そして一八五一年からの一〇年間では二五〇万人もの人口が移民によって増えた。二五〇万人というのは一八五〇年のアメリカ合衆国における白人人口の一割に相当する。(32)

学校教育においてプロテスタント向け欽定訳聖書が使われることを当然と捉えていたこの人びとは、教区学校のような私学においてであれ、カトリック向けの聖書が使われ、自分たちの価値観が侵害されていることに憤慨した。ジョン・ヒューズがニューヨーク市における学校管理を公立学校協会から引き離し、各地域の委員会の裁量に任せることによって、公的資金を使ってカトリック教育を施すことを可能にしたなど、言語道断の行為と考えられた。

ジョン・イングランドが腐心したことからも見てとれるように、カトリック信徒がアメリカ合衆国の共和主義に敵対し、ローマ教皇に操られていると考える者は少なくなかった。一八四八年にヨーロッパ各地で起こった革命を鎮圧したのは教皇ピオ九世だと考えるネイティビストらは、この革命がとりわけオーストリア・プロイセンといったドイツ語圏からの移民を急増させたのだとも考えるようになる。内情としてはカトリックの信徒同士においてもエスニシティによる対立は激しく存在するにもかかわらず、このようなプロテスタントのネイティビストたちは、「ローマ教皇に従順なアイルランド人の司教らがアメリカのカトリック教会と信徒を支配している」と、当時の状況を見ていた。彼らの言うローマ教皇は、ヨーロッパにおける革命を失墜に追いやった共和主義の敵だったのである。[33]

一八四二年の「アメリカ・プロテスタント協会」や一八四四年にフィラデルフィアで結成された「ユナイテッド・アメリカンズ団」に始まり、一八五〇年代に入ると次々と反カトリック・反移民を掲げたグループ（その多くが秘密結社）が結成されていった。報道がそれらを「ノウナッシング」と総称するようになったのは一八五三年のことである。秘密的組織である党員らがその活動を訊ねられた時には「何も知らない（ノウナッシング）」と返答することが期待されていたからだと言われる。このグループは政治活動においては「アメリカン党」を結成し、一八五六年のミラード・フィルモアを大統領選で支援している。（民主党のジェームズ・ブキャナンが当選し、「アメリカン党」はこの選挙を大敗した。）「反カトリック」「反移民」でまとまっていた彼らは、黒人奴隷問題において意見が分裂し、一八五六年大統領選以降の活動は沈静化した。「ノウナッシング」の保守性は当時の元ホイッグ党員に顕著に見られる。都市部のアイルランド系が民主党で活躍していたこととも関連して、民主党に対抗する性格を備えていたとも言えよう。[34]

南北戦争（一八六一～一八六五年）を経て、アメリカ合衆国が国家の再統合を目指し、北部の重工業化と西部開拓の完遂を目指す時代に入ると、アンテベラム期（南北戦争前）とは異なる移民たちの流入が始まった。イタリアやポーランド、スロヴァキアといった南東・東欧圏からの移住者である。この時期にはロシアの迫害を逃れてきたポグロムと呼ばれるユダヤ人らも多数アメリカ合衆国に渡っている。イギリス系のプロテスタント社会を中心として発展してきたアメリカ合衆国は、同じヨーロッパ系でありながらもまったく異なる文化圏からの移民たちに困惑を隠すことはできなかった。それはアイルランド系やドイツ語圏のカトリック移民に対して感じた違和感以上に厳しい反応をアメリカ社会から引き出した。西海岸では中国系移民に対する反発から一八八二年に「排華移民法」が通過している。一八八〇年代から急速に流入してきたこれらの所謂「新移民」に対して、その多くがカトリック国の出身者であることから、アメリカ合衆国におけるカトリック教会はさまざまな対応を迫られ、模索していくこととなる。彼らのほとんどが非熟練労働者として都市部に流入していたのである。

一八六一年の統一国家としてのイタリア王国の成立は、南部イタリアやシチリア島に政治的・経済的打撃を与えた。北部での工業化が目指された一方で、穀物にかけられた税は農業地帯である南部住民に重くのしかかることになった。南部の繊維産業への関税、また、統一前には南北均等に割り振られた公共事業における北部の優遇政策などにより、南部イタリア人の失職・失業が次第に明らかとなる。一八七六年までのすべての首相が北部出身者であったことからも、南部の意が汲み入れられない行政が続いていたことが窺われる。それらに続く徴兵制度の導入や、南部で頻発した内戦、南部住民に著しく不利な選挙法の導入などにより、イタリア南部は経済的にも疲弊した[35]。

一方、分割されていたポーランドについては、一八六三年一月に始まるロシア帝国支配下ポーランドにおける民族自決を目指した蜂起、これを危険視したプロイセン首相ビスマルクによるプロイセン支配下のポーランドに対する弾圧、この一連の影響を受けたオーストリア・ハンガリー帝国支配下ポーランドの経済疲弊などが移住のプッシュ要因となっていた。とりわけビスマルクによるカトリック教会弾圧は、聖職者の移住を促すことにもなる。非熟練労働者でさえ、アメリカ合衆国での労働で一〇倍以上の収入が期待される中で、ポーランドからは、一八八〇年代・一八九〇年代以降大量の移民が排出されることとなった。ポーランド出身者のアメリカ合衆国での収入は、労働者階級にあっても最低のレベルではなかったとされている。これは、政治的状況を理由として祖国を離れざるを得なかった者が多いからと考えられる。また、聖職者の移住が同時に行われたことにより、ポーランド系は早くからアメリカ合衆国におけるナショナル・パリッシュが良く機能した。自国出身の司祭数に恵まれた環境であったと言えよう。その後、冷戦下で共産主義体制下に置かれたポーランドからは、各修道会から継続的に移出民のための海外宣教者が送り出され、その伝統は現在まで続いている。[36]

移住当初、ポーランド人のように自国の司祭に恵まれなかったのが南部イタリア出身者であった。しかもイタリア人の移住は爆発的な勢いで進んだ。一八八〇年のイタリアからアメリカ合衆国への移民が年間一万人だったのに対し、一九〇〇年には年間一〇万人に増えている。都市部であるニューヨークでは、多くのイタリア人が、アイルランド系が使う教会の地下室をミサのために間借りするという光景が見られたという。他のエスニック・グループの移民同様、イタリア人の労働者も多くは出稼ぎ目的であった。しかし結論から見れば、イタリア人はそのほとんどが後に家族を呼び寄せ、アメリカ合衆国で世代を重ねていくことになる。それらのイタリア人は経済的な困窮状態からの移民が多く、半数は読み書きができず、イタリア語も南部訛りの強い、主流のアメリカ人から見れば極めて異質な存在だった。南北戦争後、奴隷から解放された黒人らに対する人種差別的行動で知られるクー・クラックス・クラン（KKK）が、次第に非WASPであるカトリックやユダヤ人をその攻撃対象にしていくのは、まさにイタリア人のような新移民が流入し、アメリカ合衆国に定着していく時期に重なっている。[37]

歴史家ロバート・オルシは、「フェスタ（祝祭）」に代表される熱心かつ素朴で敬虔な信仰と「ドムス（家）」と呼ばれる家族的社会構成のあり方をイタリア系移民の特徴として挙げている。信仰における敬虔さは、生活が厳しいほど（つまり社会階級が低いほど）熱心な形であらわれると考えられている。パドローネ（親方）と呼ばれる奴隷制度のような従属労働の仕組みの中で、選択の余地なく働かざるを得なかったイタリア系の移民たちは、その信心深さを年に一度の「カルメル山の聖母祭」において熱狂的に表現していた。彼らは宗教的に独自の伝統を育んでいた。そして移民世代のイタリア人は英語が理解できなかった。聖母の輿を担ぐ男性たちとその後ろから膝擦りしながら地を舐め教会までの道のりを進む、家庭と信仰の要である女性たちという図ほど、イタリア人の信仰の熱心さをあらわすものはない。しかし同時にそれは、ＷＡＳＰのアメリカ人どころか、他のエスニック・グループのカトリック信徒の目にも、極めて民族色の強い奇異な光景と映った[38]。

カトリックの知識人・推進運動家であり、一九世紀半ばに活躍したオレステス・ブラウンソンは、「カトリック教会がアメリカで拡大するためには、そのゲットー的な性格を廃し、教会や信徒がアメリカ人の信頼と尊敬に足る存在でなければならない」と発言している[39]。一九世紀から二〇世紀のカトリック知識人にいくつかの例が見受けられるように、ブラウンソン自身はプロテスタント（長老派）からカトリックへの転会（改宗）者である。ブラウンソンのこの発言に対する異論は一九世紀の教会内ではほとんど見られず、イタリア系の問題に対しては、「アメリカの共和主義」との協調の伝統における「保守」の司教も「リベラル」の司教も共に司牧上の対応を考えざるを得ない状況となった。当時の「リベラル」側に立っていた司教、たとえばジョン・アイアランドなどはイタリア系がよりアメリカ的に変質していくことを期待していた。「保守」側に立てば、それぞれのヨーロッパ的伝統を守り、ナショナル・パリッシュを創設することにより、各国のカトリシズムを残すという多様な方針を支持するのだが、この時ばかりは「保守」に数えられるニューヨーク大司教マイケル・コリガンも、イタリア系の司牧に対するカトリック教会として統一した見解の必要性を示している。こうしてイタリア系は既存の教区へと割り振られるのであるが、その後、教区司祭や宣教修道会のイタリア人司祭の数が増えるにしたがい、他のエスニック・グループと同様、イタリア系のナショナル・パリッシュに吸収されていく[40]。

5 「アメリカニズム」論争の顛末――保守化するアメリカ・カトリック

一八九一年五月一五日、教皇レオ一三世は教皇回勅『レールム・ノヴァルム（新しき事がらについて）』を発した。「資本と労働の権利と義務」という標題の与えられたこの回勅は、ヨーロッパやアメリカ合衆国の労働問題・社会問題へのカトリック教会の取り組みについての指示が書かれている。この回勅は、一九世紀の産業化の中で急速に変化する欧米社会に対し、カトリック教会が社会格差・経済・福祉における国家の役割について述べた初めての文書であり、「社会回勅」としての重大な評価を受けている。副題に「資本主義の弊害と社会主義の幻想」とある通り、「少数の資本家に富が占有される仕組みとなっている行き過ぎた資本主義においては、労働者をはじめとする民衆が搾取・貧困・悲惨な境遇に苦しんだ末に無神論的唯物史観を基調とする社会主義に傾倒するようになる。しかし、そうすれば人間的社会が実現すると考えるならばそれは幻想だ」として資本主義と社会主義の双方を糾弾した。同時に、従来の教会が「貧しい者への忍耐」と「富裕者への慈善」を説いてきたのに対し、この回勅は、労働者の貧困問題や格差是正は、慈善事業の対象ではなく、社会正義の問題と認識した上で、「人格の尊厳と基本的人権の擁護」を基盤として社会の変革や社会問題に対して教会が積極的にかかわることを指示していた。また、教会ばかりではなく、限定的とはいえ、国家もまた自由放任経済に対して介入の必要があることを示唆した[41]。

「移民の世紀」の只中のアメリカ合衆国のカトリック教会において、信徒らに対する現世的救済の方針について、保守と激しく対立していたリベラル側の司教たちはこの回勅を大いに歓迎した。一八七七年にボルティモア大司教に着座したジェームズ・ギボンズや一八八四年にミネソタ州セント・ポール司教に着座したジョン・アイアランドは、ジョン・キャロルやジョン・イングランドの目指した「アメリカ共和主義」に応えるカトリック教会を目指し、教会の「アメリカ化（Americanization）」を目指すリーダーであった。アメリカ合衆国で初めて組織された労働組合の一つである「労働騎士団（Knights of Labor）」の二代目のリーダーであるテレンス・V・パウダリーと懇意であったギボンズは、ローマからの誤解を受けずに労働者、とりわけアイルランド人労働者らを守るこの組合を存続させ、アイルランド人信徒たちが引き続き入会できるよう、さまざまなアドバイスを与えていた。権威を否定し、神無き共産主義と結びつきの深い労働組合は、ヨーロッパのカトリックにとってはタブーだったからである。社会主義からの決別、秘密結社的性格の排除、組合名称の変更などがその具体的なアドバイスの内容であった。[42]

一方で、一八八五年にニューヨーク大司教に着座したマイケル・コリガンは、ロチェスター司教のバーナード・マケイドらと共に、このようにカトリシズムとアメリカ的価値観は共存することができ、教会がアメリカ的な形態をとることも可能と考えるリベラルの司教たちに反発し、疑義を呈した。コリガンのような保守の司教たちは、カトリックの catholic=universal である所以、すなわち普遍性を強調し、教会は変化するべきではない最終的な理想型と考えていたのである。一八九七年、アメリカ・カトリック教会のリベラル派の人びとを糾弾する内容を持った一連の論文が、フランスの司祭シャルル・メグネンによって提出された。メグネンはこのリベラル派の考えを「アメリカニズム」と呼び、異端思想であると断じた。神よりも人が、教会よりも近代社会に起こる現実が優先され、教会の方が基本的な教えを調整、あるいは根本的に変えるという懸念からの糾弾であった。[43]

一八九九年一月二二日、教皇レオ一三世は回勅『テステム・ベネヴォレンティエ（私たちの愛情の証として）』を発し、メグネンによって「アメリカニスト」とされたリベラルの司教・司祭らに最大限の警告を促した。「アメリカニズム」と呼ばれるものが「カトリックの教えに賛同しない人々をより容易に説得し引き入れるためには教会が現代の進んだ文明に自らを適合させることもいとわず、また、旧来の厳格さを緩めて、現代世界に広まっている理論や物の見方・やり方に寛容な態度を示すべきであるという主張」であるならば、その考えは「いち早く断罪・排斥されるべきである」として非難したのである[44]。

労働者の保護に対して現実的な教会の取り組みを示した同じ教皇によるこの回勅によって、アメリカ合衆国におけるカトリック教会のリベラルは、その後大恐慌後のニューディールの一九三〇年代に至るまで、表面的には沈静化することとなった。移民に対するネイティビズムは、一九二四年の移民法である「ジョンソン・リード法」によって、一八九〇年の国勢調査を基としたエスニック・グループ別移民割当を導入する。これ以降、一九六五年の「ハート・セラー法」によってこの割当が廃止されるまで、カトリック国からの「新移民」の流入は激減することとなった。彼らの大部分が一八九〇年以降にアメリカ合衆国に到来したため、基準とされた国勢調査においては割当数を減らされたからである。「ジョンソン・リード法」は日本では「排日移民法」と称され、同法によって日本人もまたアメリカ合衆国への移住を閉ざされている。アメリカ合衆国における「移民の世紀」はこのように幕を閉じた。しかし、二〇世紀に入ってからの中南米出身のヒスパニック移民、また冷戦期のベトナム移民など新たなカトリック移民がその後も引き続きアメリカ社会の最底辺を支え、アメリカ合衆国の教会に多様性を与え続けている。

おわりに

一九二〇年代に「移民の世紀」が終わった後も、貧困救済や社会主義・共産主義との対決のように、アメリカ合衆国のカトリック教会はさまざまな社会問題への現実的対応を促されることとなる。一九二〇年から一九三三年まで続いた禁酒法にも、飲酒に対して厳格なプロテスタント対寛容なカトリックの構図があり、カトリック排斥の要素が見られる[45]。また、クー・クラックス・クランなどによる非WASP排斥の動きはこの頃よりいっそう強まった。大恐慌期の一九三〇年代には「ニューディール司祭」と渾名されるジョン・A・ライアンが移民の次世代にあたるカトリック信徒の貧困層救済の対策を打ち出し、その呼び掛けに応えた中産階級の信徒たちが社会運動に奔走した。旧移民に属するグループは世代を重ね、すでに中産階級に流入し始めていた時期である。[46]

アメリカ合衆国におけるカトリック教会は、WASPを主流とするアメリカ社会に尊敬をもって受け入れられ、アメリカ共和主義に適った教会を目指しつつ、リベラルと保守の綱引きによって導かれてきた。「移民の世紀」における「アメリカニズム」問題においては、教皇レオ一三世の『テステム・ベネヴォレンティエ』が保守に有利な解決を示したが、同教皇が社会回勅『レールム・ノヴァルム』で教会が社会問題に介入する姿勢を見せたことも見過ごされるべきではない。アメリカ合衆国のカトリック教会におけるリベラルは、保守の指導者たちが貧困に対する具体的な策を何ら打ち出せないことに不満を募らせたが、保守の指導者たちが果たした役割も大きい。アメリカ合衆国において非主流のカトリック教会においては、保守であることがヨーロッパからの移民たちの民族の多様性を守った。現在で言う「多文化主義」の苗床となる教会は、保守の人びとによって育まれたものである。

アメリカ合衆国のカトリック教会は社会上昇を達成し、プロテスタント主流のアメリカ社会から受け入れられ、尊敬に足る存在となることはできたのか。この疑問に対しては、一九六一年のジョン・F・ケネディの大統領就任が一つの答えであろう。WASPの中のアングロ・サクソンという民族定義が広義においても含めることのないアイルランド系であり、カトリック信徒の大統領の誕生にあたっては、従前の議論が繰り返された。ケネディもまた「あなたはアメリカに忠誠を尽くすのか。それともローマ教皇に対してなのか」との議論に晒された。[47] しかし、賢明にもケネディは自らがアメリカ合衆国の信教の自由と政教分離の精神を尊重すると同時に「カトリック信徒の大統領候補」なのではなく「民主党の大統領候補で、たまたまカトリック信徒」なのだと訴え、彼の主張は広く当時のアメリカ合衆国の人びとに受け入れられた。[48] 二〇一四年四月にカトリック教会において聖人として列聖された教皇ヨハネ二三世が、三年間に及ぶ第二バチカン公会議を開催したのが一九六二年である。教会の現代化をめぐるさまざまなテーマで議論が行われたが、他教派や他宗教との対話への方針の転換などを見ても、ケネディの大統領就任と教会の刷新が一九六〇年代の同時期に有機的な繋がりを示していることが受け取れる。バラク・オバマ政権の副大統領ジョゼフ・バイデンもカトリック信徒であり、今やカトリックであることはアメリカ合衆国において批判と非難の要因ではなくなった。

　信徒の社会的な地位上昇のためにアメリカ合衆国のカトリック教会は、アメリカ化と多文化主義の間を注意深く進んできた。一九五〇年代・一九六〇年代の黒人による公民権運動を端緒とする人種・エスニシティの高揚は、それぞれの人種・民族・エスニック集団がアメリカ社会の一角として欠かすべからざる存在であることを訴え続けている。イタリア系アメリカ人の社会はその祝祭の対象として「カルメル山の聖母」ではなく、アメリカ合衆国の一般的社会においてもカトリック教会においても広く受け入れられるコロンブスを選んだ。ＷＡＳＰを中心とするアメリカ社会によるカトリック受容は、信徒の数の増加によるものではない。それは「自分たちこそがアメリカ社会に相応しい」ことを社会に対して示し続けた彼らの意志によるものである。アメリカ化を目指したリベラルも、ヨーロッパ的価値観をもって多様性を示した保守も、等しく、アメリカ社会から尊敬され受け入れられるべき存在としての教会の構築を、確固たる意志をもって目指してきたのである。

注

（1）Jennifer Nugent Duffy, *Who's Your Paddy?: Racial Expectations and the Struggle for Irish American Identity*（New York: New York University Press, 2013).

（2）Deepti Hajela, "New York Boasts the Nation's Largest Parade." *Associate Press*. March 18, 2008: Renea Henry, "Mayor Ed Koch Mourned by St. Patrick's Day Parade Officials." *Pelham Patch*. February 2, 2009.（http://pelham.patch.com/groups/announcements/p/an-mayor-ed-koch-mourned-by-st-patricks-day-parade-officials）Retrieved on April 4, 2014.

(3) Genevieve Fabre, Jurgen Heideking, Kai Dreisbach (eds.), *Celebrating Ethnicity and Nation: American Festive Culture from the Revolution to the Early Twentieth Century.* (New York: Belghahan Books, 2001).

(4) Lakshmi Gandhi, "How Columbus Sailed into U.S. History, Thanks to Italians: Code Switch–Frontiers of Race, Culture, and Ethnicity." *National Public Radio.* (http://www.npr.org/blogs/codeswitch/2013/10/14/232120128/how-columbus-sailed-into-u-s-history-thanks-to-italians) Retrieved on April 8, 2014.

(5) Jerre Gerland Mangione, *Mount Allegro: A Memoir of Italian American Life.* (New York: Columbia University Press, 1981).

(6) "Catholic Data, Catholic Statistics, Catholic Research." *Center for Applied Research in the Apostolate.* (http://cara.georgetown.edu/CARAServices/requestedchurchstats.html) Retrieved on April 8, 2014.

(7) Charles Pope, "Is the Bottom Really Falling Out of Catholic Mass Attendance? A Recent CARA Survey Ponders the Questions." *Archdiocese of Washington.* (http://blog.adw.org/2010/12/is-the-bottom-really-falling-out-of-catholic-mass-attendance-a-recent-cara-survey-ponders-the-question/) Retrieved on April 8, 2014.

(8) Thomas O'Brien Hanley, ed., *The John Carroll Papers 1–3.* (Notre Dame: University of Notre Dame Press, 1976).

(9) "Maryland at a Glance: Name" *Maryland State Archives.* (http://msa.maryland.gov/msa/mdmanual/01glance/html/name.html) Retrieved on April 8, 2014.

(10) Dolan, *The American Catholic Experience*, p.73.

(11) E.A. Dalrymple, ed. *Narrative of a Voyage to Maryland by Father Andrew White, S.J. an Account of the Colony of the Lord Baron of Baltimore. Extracts from Different Letters of Missionaries, from the Year 1635 to the Year 1677.* (Baltimore: Maryland Historical Society, 1874): pp.54–62.

(12) Ernest Sutherland Bates, *American Faith: Its Religious, Political and Economic Founders.* (New York: W.W. Norton and Company, 1940).

(13) Dolan, *The American Catholic Experience,* pp.103–114.

(14) Clayton Colman Hall (ed.), *Narratives of Early Maryland 1633-1684* (New York: Scribner's, 1910), pp.40–41.

(15) Hanley, *The John Carroll Papers, I,* pp.68, 71, 78.

(16) Joseph A. Agonito, "Ecumenical Stirrings: Catholic-Protestant Relations During the Episcopacy of John Carroll," *Church History.* 45 (September 1976), pp.358–373.

(17) Dolan, *The American Catholic Experience,* pp.103–105.

(18) Ibid, p.112.

(19) Max Weber, *The Protestant Ethic and the Spirit of Capitalism.* (New York: Penguin, 2002).

(20) Roger Daniels, *Coming to America: A History of Immigration and Ethnicity in American Life.* (New York: Harper Perennial, 1990).

(21)　Lawrence J. McCaffrey, *The Irish Catholic Diaspora in America.* (Washington, DC: The Catholic University of America Press, 1984), pp.33–60.

(22)　Hasia R. Diner, *Erin's Daughters in America: Irish Immigrant Women in the Nineteenth Century* (Baltimore, MD: Johns Hopkins University Press, 1983).

(23)　Steven P. Erie, *Rainbow's End: Irish-Americans and the Dilemmas of Urban Machine Politics, 1840–1985* (Berkley, CA: University of California Press, 1988).

(24)　McCaffrey, *The Irish Catholic Diaspora in America,* p.156. The Terence V. Powderly Papers are available at the American Catholic History Research Center and the University Archives of the Catholic University of America.

(25)　McCaffrey, *The Irish Catholic Diaspora in America*, pp.63–90.

(26)　Patrick Carey, *An Immigrant Bishop: John England's Adaptation of Irish Catholicism in American Republicanism* (Yonkers, NY: U.S. Catholic Historical Society, 1982).

(27)　Richard Shaw, *Dagger John: The Unquiet Life and Times of Archbishop John Hughes of New York.* (New York: Paulist Press, 1977).

(28)　Dolan, *The American Catholic Experience,* p.263; Vincent P. Lannie, *Public Money and Parochial Education: Bishop Hughes, Governor Seward and New York School Controversy* (Cleveland: Press of Case Western Reserve, 1968), p.255; James W. Sanders, "19th Century Boston Catholics and the School Question," Charles and Margaret Hall Cushwa Center, University of Notre Dame, Working Paper Series, no. 2., Fall 1977, pp.28–29.

(29)　Philip Gleason, *The Conservative Reformers: German-American Catholics and the Social Order.*(University of Notre Dame Press, 1968); Coleman J. Barry, *The Catholic Church and German Americans.* (Washington, DC: The Catholic University Press of America, 1953); Jay P. Dolan, *The Immigrant Church: New York's Irish and German Catholics, 1815–1865.* (Notre Dame, ID: University of Notre Dame Press, 1983), pp.68–86.

(30)　Dolan, *The American Catholic Experience,* p.276.

(31)　Gleason, *The Conservative Reformers.*

(32)　John Higham, *Strangers in the Land: Patterns of Nativism.* (New Brunswick, NJ: Rutgers University Press, 2002).

(33)　Ibid.

(34)　Ibid.

(35)　Giovanni E. Schiavo, *The Italian Contribution to the Catholic Church in America.* (New York: Arno Press, 1975).

(36)　William Galush, "Both Polish and Catholic: Immigrant Clergy in the American Church," *Catholic Historical Review 70* (1984), pp.407–427.

(37)　Daniels, *Coming to America.*

(38)　Robert Anthony Orsi, *The Madonna of* 115th *Street: Faith and Community in Italian Harlem, 1880–1950* (New Haven: Yale University Press, 1985).

(39) O.A. Brownson, "Mission of America," *Brownson Quarterly Review, 1.* No.4, p.414.

(40) Stephen Michael DeGiovanni, *Archbishop Corrigan and the Italian Immigrants.* (Huntington, ID: Our Sunday Visitor, 1994); Mary Elizabeth Brownson, *Churches, Communities, and Children: Italian Immigrants in the Archdiocese of New York, 1880–1945.* (New York: Center for Migration Studies, 1995).

(41) Full text of *Rerum Novarum* in English is available at http://www.vatican.va/holyfather/leoxiiiencyclicals/documents/hfl-xiii. Retrieved on April 14, 2014.

(42) Dolan, *The American Catholic Experience,* pp.330–331.

(43) John Cogley, *Catholic America* (Kansas City, MO: Sheed and Ward, 1986), p.62.

(44) Full text of *Testem Benevolentiae* in English is available at http://www.papalencyclicals.net/Leo13/l13teste.htm. Retrieved on April 14, 2014.

(45) Higham, *Strangers in the Land.*

(46) John Augustine Ryan, *Economic Justice: Selections from Distributive Justice and a Living Wage.* (Louisville, KY: Westminster John Knox Press, 1996); Francis L. Broderick, *Right Reverend New Dealer, John A. Ryan.* (New York: Macmillan, 1963); Mark Zwick, *The Catholic Worker Movement: Intellectual and Spiritual Origins.* (New York: Paulist Press, 2005); Robert A. Orsi, *Thank You, St. Jude: Women's Devotion to the Patron Saint of Hopeless Causes.* (New Haven, CT: Yale University Press, 1996).

(47) Gary Donaldson, *The First Modern Campaign: Kennedy, Nixon and the Election of 1960.* (Lanham, MD: Rowman and Littlefield, 2007), p.107.

(48) Full text as well as a video of "Address of Senator John F. Kennedy to the Greater Houston Ministerial Association, September 12, 1960" is available at http://www.jfklibrary.org/Asset-Viewer/ALL6YEBJMEKYGMCntnSCvg.aspx. Japanese translation is also available at http://www.jfklibrary.org/JFK/Historic-Speeches/Multilingual-Address-to-the-Greater-Houston-Ministerial-Association/Address-to-the-Greater-Houston-Ministerial-Association-in-Japanese.aspx. Retrieved on April 14, 2104.

第三章

移民排斥と出生地主義

――理念と主権のあいだ

はじめに

アメリカ合衆国国内で生まれれば、親が旅行者であろうと、非正規移民であろうと、子どもはシティズンシップを取得できる――国籍付与がもっともリベラルに行われてきたといわれるアメリカ合衆国で、いま、出生地主義が揺らいでいる。新生児の八パーセントを占めるといわれる「アンカー・ベイビー（anchor baby）」―非正規移民の子ども―への無条件かつ自動的なシティズンシップ付与が疑問視されているからだ。[1] 非正規移民の子どもへのシティズンシップ付与に賛成か否か、世論調査会社ラスムセン（Rasmussen Reports）が一〇〇〇人に実施した電話調査によれば、賛否はそれぞれ二〇一〇年三四パーセント、五八パーセント、二〇一一年二八パーセント、六一パーセント、二〇一二年四一パーセント、五一パーセント、二〇一三年三二パーセント、五三パーセントで増減はあるものの、意見は二分されている。こうした世論を受け、出生地に基づくシティズンシップ付与を明文化している憲法修正第一四条を見直すべきか否か、国政レベルで議論されるほどである。[2]

とはいえ、出生地主義を疑問視する声は一世紀以上前から上がっていた。それが先鋭化したのは、アジアからアメリカ合衆国への最初の移民集団であり、連邦政府初の移民排斥諸法の対象となった中国（当時は清）系の人びとがアメリカ合衆国国内で出産した第二世代へのシティズンシップ付与をめぐる問題だった。移民第一世代については、一八八二年の排華法が帰化を禁止したため、アメリカ市民になることはできなかった。[3] その後中国系に対する移住・入国制限が厳しさを増し、国境線上での入国禁止に留まらず、国内在住の中国系移民[4]の追放を意図した法律が制定されていくなかで（一八八八年スコット法、一八九二年ゲアリー法）、第二世代に対しシティズンシップを与えることが疑問視された。連邦最高裁判所が出生に基づくシティズンシップ付与を定めた憲法修正第一四条が中国系にも適用されると認めたのは一八九八年のことで、それ以前は、たとえばアジア系移民の玄関口だったサンフランシスコ港の移民審査官のなかには、第二世代であってもアメリカ市民と認めない者もいた。

そもそもアメリカ合衆国はなぜ、特定のエスニシティの移民を排斥してきたにもかかわらず[5]、かれらの子孫にシティズンシップを付与する出生地主義を採用し続けたのか。本章はこの問いに答えるなかで、過去のシティズンシップをめぐる研究では着目されてこなかったアメリカ合衆国特有の背景を、中国系第二世代へのシティズンシップ付与を考察することを通し、明らかにする。まず第一節では、アメリカ合衆国における出生地主義の伝統とそれに対する批判を概観する。第二節では、「シティズンシップ」に関する主要な研究アプローチを俯瞰する。第三節では、具体的に中国系第二世代に着目し、シティズンシップの新たな側面を明らかにする。

1　アメリカ合衆国における出生地主義

血統主義を祖先という過去の共有に基づくシティズンシップだとすれば、親の出身国や滞在のステータスにかかわらず子どもに与えられるアメリカ合衆国のそれは、未来の共有に基づくシティズンシップだといえる。これが明文化されたのは憲法修正第一四条（一八六八年）をもってであり、それ以前は、慣例として、州が付与する主体となり、実施されていた。そもそも一七七七年の連合規約の時点では、主権は各邦が維持するもので、その後に統一国家へと展開するなかで、連邦と州の二重構造が作られた。連邦の権限は憲法に列挙されたものに限られる一方、州は州憲法をもち、州のシティズンシップも存続し続けた。そのため、連邦の市民と州の市民が存在することとなったが、前者は後者に付随するものとされ、州の市民と認められない者（例えば黒人）が連邦の市民になることはほとんどなかった（後藤・秋葉・村山 二〇〇五年、鈴木二〇〇〇年、中條二〇〇四年）。つまり、シティズンシップを付与する主体として、州は連邦より優位に立っていた。

この州の優位性はしかし、南北戦争を契機として揺らぎ始める。それは、黒人とその子孫への出生地主義に基づくシティズンシップと帰化権の付与を目的とした憲法修正第一四条と一八七〇年の帰化法改正により、連邦がシティズンシップ付与の主体として定められたことによる。すなわち、州のシティズンシップに連邦のシティズンシップが付随するのではなく、連邦のシティズンシップに州のシティズンシップが付随すると規定された。また同一四条では、法の下の平等と法の適正手続きも謳われており、これを目的とした連邦による州への介入が認められた。

「合衆国市民（citizen of the United States）」というフレーズは、一七八七年の憲法制定会議で「強い政府」を求めるピンクニー（Charles Pinckney）によって提案された。ただし、この時はその意味を定義しようとする動きはなく、

「州の市民は必然的に合衆国市民」と認識されていた。実際にこのフレーズが文書として最初に登場したのは、アメリカ合衆国憲法条文のなかでも、上院・下院の構成員の資格と大統領の資格について規定した条文においてであった（第一章第二条第二項・第三条第三項と第二章第一条第五項）。「州の市民は自動的に合衆国市民になるのか」という問題は、その後複数の裁判などで議論された（Passenger Cases, 48 U.S. 283, 492 [1849], Dred Scott v. Stanford, 60 U.S. 393 [1857], 航海法［navigation law］に対する司法長官ベイツ［Edward Bates］の解釈［一八六二年]）。

こうした論争は、一八六八年の憲法修正第一四条により決着がつくかに思われた。すなわち、「合衆国において出生し、または帰化し、その管轄権に服する者は、合衆国およびその居住する州の市民である」。これは、「州の市民とは、その州に住んでいる合衆国市民」（最高裁判事フィールド［Stephen Johnson Field］）、「合衆国のシティズンシップがこの国における第一のシティズンシップということで決着がついた。そして、州のシティズンシップは二次的・派生的なものであり、合衆国のシティズンシップと市民が住んでいる場所に依拠しているということも決着がついた」（最高裁判事ブラッドリー［Joseph P. Bradley］）と評された（一八七二年）（Baldwin 1893: pp.85-90）。とはいえ実際は、連邦と州のシティズンシップの問題に決着がついたわけではなく、憲法修正第一四条にもかかわらず、「連邦の市民」であることの意味と権利保障の主体としての連邦の権限が弱められて解釈されることもあった(7)（後藤・秋葉・村山二〇〇五年、松井二〇〇七年）。

こうしたシティズンシップをめぐる議論が展開されていた一九世紀半ばから後半にかけては、連邦政府レベルによる初の移民の選別・政策が実施され、港やカナダ・メキシコ国境線での移民管理を始めた時期と重なる。移民の選別、すなわち、入国を許可できる人物か否かの審査を港で行う形で出入国管理が始まったことにより、管理されずに入国した移民は「不法移民」だとする認識も生まれた。こうした「不法移民」から出生した子どもに対しても、慣例で出生に基づくシティズンシップが認められていた。そこには、アメリカ社会の紐帯は血統ではなく、「土地の息子たち」（sons of the soil）だとする認識が表れている。移住者がつくり上げた国であるアメリカ合衆国では、当然出自は多様であり、血統を共通の基盤とすることはできない。アメリカ人としてのアイデンティティは、フロンティアを荒野から近代産業国家へと変えた移住・開拓経験と密接に結びついている。「土地の息子たち」意識から形成された土地へのこだわりは、一七九〇年の連邦議会において、生得のシティズンシップを付与する対象に関して、子どもの親の条件をアメリカ合衆国での居住に限定したことにも表れている。非正規ルートで入国して居住する者や短期滞在者の子どもにも、アメリカ合衆国国内での出生のみを条件としてシティズンシップを付与する出生地主義は、「もし憲法起草者たちがアメリカ合衆国への人の流入のその後の展開を予測していたならば、アメリカ市民でもなければ法的な永住者でもない親に生まれた子どもに対し、シティズンシップを付与するほど、シティズンシップ条項を拡大しなかっただろう」とまで評されたほど包括的なものである（Guendelsberger 1992）。

一八六六年の公民権法、一八六八年の憲法修正第一四条、一八七〇年の帰化法改正の背景には、既述の通り黒人にまでシティズンシップと帰化権を拡大する目的があった[8]。これに対しては、連邦議会からは次のような批判が起きた（57 th Congress Globe, 39th Cong., 1st sess., January 31, 1866）。第一に、アメリカ政府は白人によって形作られてきたため、政治共同体の統治にあたって参加できるパートナーは白人に限られる。第二に、白人以外にまでシティズンシップ付与の範囲を拡大することで、メンバーシップの価値が損なわれ、政治的共同体が弱体化するのではないか、という懸念が出た。公民権法と憲法修正第一四条が施行された一八六〇年代後半当時、「白人」の外国人の両親にアメリカ合衆国で生まれた子どもが、生まれながらにして「アメリカ市民」とされてきたことは、誰にも疑問視されなかった。つまり両法の実施は、「アメリカ人」を、「白人」という人種的なものから、アメリカ合衆国生まれの者（sons of the soil）という理念へ近づける修正であったといえる（Guendelsberger 1992）。

憲法修正第一四条以前に連邦議会を通過していた公民権法では、シティズンシップについて「アメリカで生まれた者はすべて、外国の勢力に従属していない（not subjects to any foreign power）場合、また課税されないインディアンを除き、アメリカ市民と宣言される」と述べられている。この「外国の勢力に従属していない」という文言は、憲法修正第一四条においては、「合衆国において出生し、またこれに帰化し、その管轄権に服する者（subject to the jurisdiction thereof）」という文言に引き継がれたが、この文言が物議を醸すこととなる（Pingrey 1888）。一八八六年に *American Law Register* 誌に発表された論文（Stoney 1886）によれば、憲法修正第一四条の原則にもかかわらず、外国人が子どもをアメリカ合衆国で出生した場合でも、その子をアメリカ市民とはみなさないという意見が当時存在した。というのも、憲法修正第一四条の〝subject to the jurisdiction of the United States〟の解釈が定まっていなかったためである。

〝subject to〟を、アメリカ合衆国の権限が実際に及ぶ領域にいることや、法に従っているかどうかだけではなく、アメリカ合衆国に対する忠誠心（allegiance）の有無こそが判断基準だという見解も存在した。そして、外国人の親はアメリカ合衆国国内にいる場合でも出身国に対して忠誠心をもっているため、事実上、アメリカ合衆国ではなく出身国の法に属していると考えられた。この見方ではしたがって、子どもは親から身分を引き継ぐために、親と同じように出身国の法（jurisdiction）に属すると解釈された。これは、親の出身国の領土的境界線を越えてアメリカ合衆国で出生した場合でも、忠誠心が出身国に向けられている限り、子どもも親の出身国の法の支配下にいる、という解釈である。移民第一世代が出身国への忠誠を捨てない限り、第二世代にシティズンシップを付与するべきではないという立場は、一九世紀末に中国系第二世代にシティズンシップを認めるか否か問われた裁判でも、反対派の主張の一つとなった(9)。このように、出生地主義の実践にあたっては、異なる考えが存在していた。

2 「シティズンシップ」へのアプローチ

本論ではここまで、citizenshipという英語を「シティズンシップ」と日本語で表記してきた。citizenshipという語は文脈により、国籍を指す場合と市民であることや市民としての諸権利を指す場合、両者を含む場合がある。市民であることやその諸権利を意味する研究は、近年では一九九〇年代以降議論が再燃したといわれている（Kymlica & Norman 1994）が、「市民」概念自体はギリシャ・アテネの古典時代からある古い概念であり、時代や地域に応じてその詳細は更新されてきた。市民の諸権利という点では、シティズンシップ研究の古典とされるT・H・マーシャルの『シティズンシップと社会階級』が、社会民主主義的な観点からイギリスの近代工業化社会の経験に即した理論を展開し、下層民が公民的権利・政治的権利・社会的権利を、歴史的段階を経て獲得していくものと考えた。市民の諸権利としてのシティズンシップを享受する層が拡大するなかで、資本主義の発達に伴って生じた階級間の不平等や格差が是正され、社会の全構成員が「完全なメンバー」であることを感じ、社会参加が可能になると論じた（Marshall 1950）。こうしたシティズンシップ論は、共和主義・自由主義それぞれの伝統の枠内で規範として語られてきた従来のシティズンシップ論—あるべき市民像—（Shklar 1991; Shafir 1998）に歴史的な視座をもたらした（Heater 1999; 2001）。

「市民であること」という点では、J・ハーバーマス（Habermas 1990）が、西ヨーロッパにおける市民社会（公共圏）の発生と市民社会へ参加する主体としての「市民」の登場を論じた。ハーバーマスの市民社会（公共圏）論が英語圏で頻繁に議論されるようになった一九八九年以降には、N・フレイザーらがアメリカ合衆国の歴史的事例に基づいて批判的に議論を展開させた。[10] フレイザーは、ハーバーマスが論じる市民社会がブルジョワ的であること、およびそこに参加する主体である「市民」が男性に限定されており、同じ国民であっても、女性・労働者階級・黒人の場合には市民社会（公共圏）への参加は制限されていると批判した（「汚染された公共圏」）（Fraser 1997）。こうした問題提起を受け、市民社会（公共圏）への参加を保証するものとして、参加資格の平等や相互承認関係が議論されるようになった（佐藤二〇〇五年）。

近年のシティズンシップ研究では、前述のように、形式的な平等が達成された、つまり諸権利が認められた同じ国籍を持つ人びとであっても、人種・エスニシティ・ジェンダーなどにより諸権利を行使できなかったり、市民社会へ参加が困難であることに焦点が当てられ、その落差をいかに埋めるかが主要な関心とされている。

他方、国籍としてのシティズンシップは、国籍が制度的枠組みであるがゆえに社会学的研究では与件とされ、それ自体に十分な関心が払われることはなかった（Brubaker 1992）。より注目されたのは、先に挙げた「市民」の実質的次元であり、女性や黒人など国籍を付与されていながらも、社会で周辺化され続けてきた人びとが、どのように実質を伴った「市民」になることができるのかという点であった。国籍に付随する諸権利や平等が保証されているにもかかわらず、それが実質を伴わないのはなぜか、という問いについて研究が蓄積される一方で、形式的次元は所与の前提とされてきた。

本論では「シティズンシップ」を「国籍」という意味で用いてきたが、このようなシティズンシップの形式的次元に着目した研究はR・ブルーベイカーに代表される（Brubaker 1992）。ブルーベイカーは、独仏を比較しつつ、国籍制度には、国やその成員資格についての国の考え方・認識―「ネーションの自己理解」―が埋め込まれていると指摘した。また、国民国家のメンバーシップについての考え方・語り方に文化的・理念的要因が反映されていることを指摘しており、これを「文化イディオム」と呼んでいる。(11) この文化イディオムの違いから、国への帰属に関するスタンスの違いが独仏で生じ、フランスでは、国との関係において帰属感覚の強さが重視された結果、移民に対して包摂的・同化主義的な国籍制度が作られた（出生地主義）。一方ドイツでは、国への帰属の種類（血統）が重視されたために、排外主義的な国籍制度となった（血統主義）。つまり、文化イディオムという国民国家のメンバーシップについての考え方・語り方が反映されている文化的・理念的要因から、国籍付与における出生地主義と血統主義というヴァリアンテが出現したといえる。これによりブルーベイカーは、出生地主義が普遍主義で血統主義が特殊主義だという単純な対立図式の解消を図っている(12)。

以上のシティズンシップをめぐる先行研究に、アメリカ合衆国の国籍《シティズンシップ》を扱う本論はどう位置付けることができるのか。たしかに、出生地主義はアメリカ合衆国のアメリカ合衆国自身に対する認識や理念—「土地の息子たち」—の制度的表れである点で、ブルーベイカーの主張が該当する。しかし他方では、出生地主義は批判され、中国系移民第二世代には国籍《シティズンシップ》は付与されないと認識していた移民審査官がいたことはすでに述べたとおりである。最終的には一八九八年の連邦最高裁判決により、中国系第二世代にも自動的に付与されることが宣言された。それでは、この決断を後押ししたのも何らかのネーションの自己理解や文化イディオムだったのだろうか。この点について以下本論では、最終判断が下される過程で中国系の国籍《シティズンシップ》と出生地主義について交わされた議論を考察することを通して明らかにする。

3　出生地主義と中国系移民

連邦レベルでの移民排斥法は一八七五年のペイジ法（Page Act）ではじまった。これはアジア地域の女性が「不道徳な」目的でアメリカ合衆国へ入国することを禁じた法律で、清からの女性移民をおもなターゲットとしていた。一八八二年には排華法（Chinese Exclusion Law）が施行され、清側との合意に基づき、清出身の移民のアメリカ合衆国への帰化が禁止され、清からアメリカ合衆国への労働者の移住は一〇年間禁止された。その二年後の一八八四年、サンフランシスコの港で再入国しようとしたアメリカ合衆国生まれの中国系移民第二世代が、入国を却下される事件が起きた（In re Look Tin Sing. 21F. 905, C. C. Cal. 1884）。[13] 入国を拒否されたのは、第二世代のルック・ティンシン（Look Tin Sing）という青年で、カリフォルニア州メンドシーノで生まれた。両親はこの地に二〇年間住み続けており、商人である父親は、いずれアメリカ合衆国に呼び戻すつもりで息子を排華法施行以前の一八七九年に中国に渡航させた。そして一八八四年九月に帰国、「アメリカ市民」としてサンフランシスコ港で再入国を求めたが、排華法の対象とされ、許可されなかった。

これに対しルック・ティンシン側は憲法修正第一四条に基づき、中国人としてではなくアメリカ合衆国の国籍《シティズンシップ》保持者として再入国する権利を求め、カリフォルニア北部地区連邦地方裁判所に不服を申し立てた。地方検事は、アメリカ合衆国国内での出生は必ずしも国籍《シティズンシップ》の付与につながらない、その対象がとくに同化が見込めない中国人であればなおさらである、と主張した。また、アメリカ社会にとって脅威となる人びとに生得の国籍《シティズンシップ》を与えるよう強制する裁判所がどこにあるのか？ と疑問を呈し、もしそのような裁判所があるとしたら、アメリカ合衆国は存亡の危機に立たされると述べた。

判決では、憲法修正第一四条に広義の解釈が適用された。[14] そして、「この条項（引用者注：憲法修正第一四条）で使用されている文言は十分広く、原告のケースも含まれる」と述べ、排斥法の対象となる中国系移民であっても、アメリカで出産した場合、その子どもには国籍《シティズンシップ》が付与されることが認められた。さらに、国籍《シティズンシップ》の離脱は政府の合意なしに自由に行えることと、今回の帰国のケースは、アメリカ合衆国を離れたとはいえ家族がメンドシーノに残っており、国籍《シティズンシップ》を離脱したとはみなされない、という点も確認された。また、出生地主義が適用されない二つの例外が確認されている。すなわち、外交官の子どもと、アメリカ合衆国の領海を航海中であっても外国籍の船で生まれた子どもである。こうしてルック・ティンシンは「アメリカ市民」として認定され、再入国の許可を得ることができた。

　この勝利は中国系移民にとり大きな意味をもった。第一に、第一世代は排華法によって帰化が禁じられたため、居住年数にかかわらず「永遠の外国人」とされていたが、第二世代以降であれば「アメリカ市民」になる道が認められたからである。第二に、「アメリカ市民」として入国する清からの移民が増えた。サンフランシスコ担当の連邦検察官ケアリー（John T. Carey）は司法長官宛ての書簡でこう述べている。排華法の対象とならない自称「アメリカ市民」の割合が急増し、入国希望者が申請する大量の人身保護礼状のため裁判所がまともに機能していない、と。その自称「市民」のほとんどが、教育を受けるために一〇代後半で清にアメリカ合衆国から渡航したと主張していること、生まれた地域が中国系移民の集住地区だったため、白人の証人を確保できる望みがないことが述べられ、このままだとかれらの思惑通りになると、懸念を露わにしている[15]。また、「書類上の息子《ペーパー・サン》（paper son）」[16]として入国を求める者も増加した。このためケアリーは、アメリカ合衆国生まれの第二世代への国籍《シティズンシップ》付与を最高裁判所で試訴し、決着させる必要性を訴えた[17]。

　こうして、帰化を法律によって禁じた中国系移民の第二世代への国籍《シティズンシップ》付与をめぐり、出生地主義そのものやその適用範囲が疑問視された。しかし当時、中国系移民に限定されない憲法修正第一四条への反対があった。おもに二つに分類できるが、第一に、憲法という形で出生地主義に基づく国籍《シティズンシップ》が確立されてしまうと、州が国籍《シティズンシップ》を定義する権限を失ってしまうことが挙げられる。第二に、諸外国では血統主義を採用する国が多いため、アメリカ合衆国もそれに倣うべきだ、という意見だった。前者を代表する論者はルイジアナのモース（Alexander Porter Morse）、後者はサンフランシスコのコリンズ（George D. Collins）に代表された（Meyler 2001）。

　モースは、連邦最高裁判所でのプレッシー対ファーガソン裁判（Plessy v. Ferguson, 163 U.S. 537［1896］）——公共施設における人種隔離を定めたルイジアナ州法を合憲と認めた―とハンス対ルイジアナ州（Hans v. Louisiana, 134 U. S. 1［1890］）でルイジアナ州側の弁護を務めた経験がある。後者の裁判では、憲法修正第一一条を根拠とし、個人が州民として所属している州を訴えても、州の主権により、それに対して連邦裁判所は裁判権をもたないとされ、両裁判とも、連邦による州への介入を制限したことで知られている。したがって、国籍《シティズンシップ》に関するモースの主張も、州権の弱体化を防ぐという文脈で読まれなければならない。一方コリンズは、国籍《シティズンシップ》をコモン・ローという理由で適用することに反対し、国際主義的なアプローチ（internationalist）を採るべきだと主張、国際的な標準―血統主義の国が多い―にアメリカ合衆国も合わせなければならないと説いた。国際主義的なアプローチに対する批判としては、第一に、外国の影響なしに国籍《シティズンシップ》が出生地によって自動的に付与されるところに、アメリカ合衆国の国としての「主権」が存立していること、第二に、諸国に倣って血統主義に変更したとしても、あらゆる国が血統主義を採用しているわけではないため、どちらの主義をとっても他国の法との齟齬は避けられない、ということが指摘された（Meyler 2001）。[18]

このように、出生地主義そのものや出生地主義の広義の解釈が疑問に付されていくなかで、ふたたび、「アメリカ市民」として再入国しようとした清出身の移民の第二世代の申請が、一八九五年に却下された。この第二世代、ウォン・キムアーク（Wong Kim Ark：黄金德）は、一八七三年台山出身の両親のもとサンフランシスコのサクラメント・ストリートで生まれ、チャイナタウンで育った。一八九〇年、両親と共に中国に一時滞在し、その後帰国したさいは、「アメリカ市民」として再入国を許可された。一八九四年、再び中国に渡航し、翌年蒸気船コプティック（Copitc）で帰国したところ、税関長ジョン・H・ワイズ（John H. Wise）により再入国を却下された。その理由はルック・ティンシンの時と同様、出生地に基づく国籍《シティズンシップ》は中国系移民には与えられないため、ウォンは「アメリカ市民ではない」というものだった。[19]

最終的に連邦最高裁で争われることになったこの裁判は、中国系移民だけでなく、あらゆる移民にとり重要な意味をもった。ウォンの国籍《シティズンシップ》が認められなかった場合、同様の「非市民化」はどの移民第二世代に対しても起こりうるからだ。

まずカリフォルニア北部地区連邦地方裁判所で争われたこの裁判では、弁護側は、ウォンはアメリカ合衆国で出生したためアメリカ市民であることを根拠とし、再入国が正当であると訴えた。(20) この主張に対し地方検事は、アメリカ合衆国国内で生まれていても、アメリカ合衆国の法律のもとでは彼は市民ではないと主張した。その根拠として、第一に、両親が中国人で清の臣民である以上ウォンも同様であること、これに基づき第二に、アメリカ市民でない以上ウォンは排華法の対象となることが挙げられた。

ウォン側はさらに反論した。第一に、検事の主張は血統主義であり、それによりアメリカ合衆国が再分裂する可能性がある。国籍《シティズンシップ》は財産と異なり、親から譲渡されるものではなく、当人と生まれた国のあいだにあるもので、血統に依拠しない。ウォンに生得の国籍《シティズンシップ》を認めないのは血統主義であり、もしアメリカ合衆国が血統主義を採用すれば、アメリカでの出生にかかわらず国籍《シティズンシップ》をもたない第二世代の「外国人」が多数発生し、国内に「外国人の国家」が形成される可能性がある。そして外国政府は第二世代を通して内政干渉し、南北戦争のような分裂が再度起こるのではないか、と危惧した。第二に、連邦の主権という点から反論した。国籍《シティズンシップ》付与を決定する権限は連邦議会にあり、その理由を連邦の主権に求めた。連邦主権とは、領土内における人の地位、つまり誰が市民で外国人か、国のメンバーシップを決める権限である、というのがウォン側の主張であった。国籍《シティズンシップ》を付与する主体としての連邦の優位を説いた議論の展開である。

地裁における地方検事の立場—ウォンの両親は中国人であるから、ウォンも中国人である—は、血統主義に基づく考えだといえる。この地方検事をアミカス・キュリイ（法廷助言者）として補佐していたのは、前述したコリンズだった。コリンズの血統主義に関する主張は、*American Law Review* において、ウォン裁判以前から知られていた（Collins 1884）。コリンズはこの裁判で、次の点を主張した。第一に、国籍《シティズンシップ》取得に関してアメリカ合衆国に存在するのはコモン・ローではなく、国際法（international law）の原則（血統主義）である。第二に、憲法修正第一四条は国際法と調和するかたちで解釈されるべきである。第三に、アメリカ合衆国国内で出生したからといって、国籍《シティズンシップ》は自動的に取得できない。第四に、憲法修正第一四条の「管轄権に服する（subject to the jurisdiction thereof）」とは、アメリカ合衆国の政治的な管轄権のことを指している。したがって、ウォンはアメリカ合衆国生まれであっても両親が清の臣民であるため、清の政治的な管轄権に属している。そして第五に、国際法によれば、子どもの身分は父親の身分に基づくものとされている（子どもが非嫡子の場合は母親）。したがって、アメリカ合衆国で出生したという事実だけでは、国籍《シティズンシップ》を付与することはできない。

地裁では、ルック・ティンシン裁判同様、憲法修正第一四条に基づいてウォンは「アメリカ市民」であることが認められた。そして、ウォンは再入国する権利を喪失していないこと、ウォンの拘束は違法であること、身柄を解放することが確認された。これを受けて地検が上告したため、連邦最高裁判所での開廷に至った。

連邦最高裁ではウォン側の陳述に対し訴務長官コンラッド（Holmes Conrad）は「文化的シティズンシップ（cultural citizenship）」という概念を提示し、「市民」は出生以上のものを共有しており、それは通常人種であると反駁した。また、南北戦争前の判例を引用し、「市民とはコミュニティを構成する人びとである」と述べ、国籍《シティズンシップ》に文化的・社会的境界線を引こうとした。また、国籍《シティズンシップ》付与は移民の出身国との国際関係にかかわるものであり、アメリカ合衆国は移民第二世代に国籍《シティズンシップ》を自動的に与えるか否か勝手に決められる立場になく、相手国の意向を聞かねばならないと主張、連邦の主権の権限を限定する形で議論した。

一八九八年、最高裁は第二世代への出生地主義に基づく自動的な国籍《シティズンシップ》付与を認める判決を下した（賛成六、反対二)。アメリカ合衆国に永住して商売を営み、また外国の外交官や役人として雇用されておらず、アメリカ合衆国の敵国の市民でない限りにおいて、アメリカ合衆国で出生した者には連邦政府が国籍《シティズンシップ》を付与することが確認された。この判決により、国籍《シティズンシップ》付与の主体、つまり、市民と外国人を選別する主体として、連邦政府の州に対する優位性が再確認された(21)。

ウォン裁判が起きた時期は、どの移民を「アメリカ市民」と認めるか選別する権限をめぐる連邦と州の拮抗が容易に決着せずにいた時期であった。これは、ウォン裁判の二年前に結審したプレッシー対ファーガソンにおいて、国籍《シティズンシップ》を付与し、権利を保障する主体としての連邦の優位性がつき崩されていたことからも看取できる。しかし、一八九〇年代末までには、対内的にも対外的にも、連邦が州に対して優位に立つ必要性が生じていた。アメリカ合衆国が世界有数の経済国となりつつあったこと、そして米西戦争・米比戦争を通し、海外植民に乗り出したためである(Jacobson 2000; Salyer 2005)。連邦と州が拮抗するなかで国籍《シティズンシップ》付与という形で、国の構成員を選別する主体として連邦の優位性が認められたのは、こういった対外的要因もあったと考えられる。以上ように、アメリカ合衆国の出生地主義は、「ネーションの自己理解」や「文化イディオム」といった理念が埋め込まれているだけでなく、連邦主権と州の主権の拮抗のなかでつくられていったといえる。

おわりに

こうして、中国系移民第二世代に対しては出生地主義が公式に認められることとなった。しかし他方では、移民規制や排斥、さらには国内からの追放を意図して作られた諸法が引き続き第一世代に適用され、一九〇四年には一八八二年以降一〇年ごとに更新されてきた排華法が永続化されたように、中国系というエスニシティはアメリカ社会から締め出される存在であり続けた。この状況が続くなかで、第二世代に出生に基づいて国籍《シティズンシップ》が付与されたのは、アメリカ合衆国の「誰がアメリカ合衆国の構成員になることができるか」という「ネーションの自己理解」や「文化イディオム」変化したからというよりは、ウォン裁判で論じられたように、連邦の主権と州の主権の優位性の変化によるものと考えられる。

「はじめに」で述べた通り、今日、非正規移民の子どもをめぐり、出生地主義がふたたび論争の的になっている。移民政策は一八七五年以降連邦政府が実施してきたが、非正規移民の防止や取り締まりが不十分だとして、メキシコと国境を接するアリゾナ州など、独自の移民政策を実施しようとした州もある（Support Our Law Enforcement and Safe Neighborhoods Act)。連邦政府と、連邦政府に業を煮やした州政府のあいだで、移民政策の権限のバランスは変わっていくのだろか。この「非正規移民問題」の一部として議論されている憲法修正第一四条見直しに対し、出生地主義擁護派からは、「移民の国」としてのアイデンティティや伝統、非正規移民の子どもへの人道的配慮、連邦の権限、アメリカン・デモクラシーの理念といった主張がなされている（大井二〇一一年）。今後の出生地主義の行方を考えるうえでは、こうした「ネーションの自己理解」や「文化イディオム」だけではなく、連邦主権と州の主権の拮抗、連邦主権を対内的・対外的に優位に立たせなければならない国際情勢があるか、こうした諸要素も重要になるのではないだろうか。

注

（1） 二〇〇一年アメリカ合衆国同時多発テロ事件に端を発する対タリバーン戦において、捕虜としてアメリカ合衆国のシティズンシップをもつ、つまり「アメリカ市民」がタリバーン側の兵士として参戦し、拘束されたことも物議を醸した。この兵士は、アメリカ合衆国の石油会社で働いていたサウジアラビア国籍のエンジニアの父親と母親のもとルイジアナ州で生まれ、シティズンシップが与えられたと報道されている。父親は短期滞在のビザで働いていたため、ほどなくしてまだ幼児だった兵士を連れてサウジアラビアに戻った（Eastman 2006）。その後アメリカ合衆国に戻ることのなかったこの「アメリカ市民」がアメリカ合衆国を攻撃する「テロリスト」になったことは、移民第二世代への自動的な市民権付与に対する批判に拍車をかけた。拘束後、他のタリバーン兵士と同様にキューバのグアンタナモ米軍基地の収容所に収容されたが、「アメリカ市民」であることを軍が把握すると、ヴァージニア州のノーフォーク海軍基地に移された。そこで彼は父親を代理人とし、「アメリカ市民」の権利として、弁護士との接見と保釈を求める訴えを起こした（Eastman 2007）。

（2）非正規移民をめぐる状況については大井（二〇一一年）を参照されたい。

（3）排華法以前、一八七〇年に帰化法が改正されるまでは、中国系移民の帰化は禁止されていなかったため、帰化ができた者もいた。たとえば、一八七二年から一八八一年にアメリカ合衆国に清から派遣された教育使節団（派遣時一二〜一六歳の男子）の監督（出洋委員）を務めた容閎（Yung Wing）は、かつて自身がイェール大学に留学していた時にシティズンシップを取得している（一八五二年）（Wing 1909: LaFargue 1987）。しかし、一八七〇年の帰化法改正により、帰化の権利は「白人」と「黒人」に限定された。以後、帰化を望む中国系移民は自らを「白人」と主張し、帰化しようとした。たとえば一八七八年にはアー・ヤップ（Ah Yup）という清生まれの者が「白人」であることを根拠に帰化申請した（In re Ah Yup 1 F. Cas. 223, District of California Circuit Court）。そこで論点とされたのは二点で、第一に帰化法の「白人」に中国人（Mongolian race）も入るか否か。第二に、帰化法は白人と黒人以外のすべての人の帰化を認めないのか。これに対し、第一の点については、帰化法における「白人」には中国人は含まれないこと、第二の点については、帰化法が適用されるのは白人とアフリカ系およびアフリカ系の子孫のみという判決が下された。裁判官は、白人の人種的・外見的な多様性を認めたうえで、ウェブスターの辞書を引用し、人種（race）は五種類、すなわちヨーロッパと西アジア出身のコーカシアン（白人）、中国・日本地域出身のモンゴル（黄色）系、アフリカ出身のニグロ（黒人）、南北アメリカの先住民であるアメリカ（赤色）系、インド・インド洋諸島出身のマレー（茶色）系があると見解を述べた。そして、「白人」が誰を指しているかは日常生活や常識から鑑みて迷う余地はなく、中国系移民が白人でないことは明らかであると判定し、申請を却下した（アー・ヤップの裁判資料は San Francisco Law Library 所蔵）。しかしその後も、中国系移民に帰化権があるのかないのかという問題は蒸し返された。のちに、日本やインドからの移民も、自らを「白人」と主張して帰化を申請するも、却下されている（代表的な例として一九二二年小澤孝雄裁判、一九二三年 Bhagat Singh Thind 裁判）。

（4）排斥諸法が対象としたのはａ．清出身の移民だけではなく、ｂ．他国に移民し、その国のシティズンシップをもつ子孫たちを含むこともあった。たとえば、一八八三年にマサチューセッツ州連邦巡回裁判所は、イギリス領になっていた香港生まれの「中国人」に対し、清ではなくイギリスの臣民であると判断し、入国を許可した。しかし、同年サンフランシスコに到着した香港生まれの「中国人」の場合、清以外の国で出生した者や別の国のシティズンシップ保持者であっても、血統が「中国人」であるならば「中国人」と分類されるという根拠により、入国申請は却下された。一九世紀の移民の約九〇パーセントは広東省出身者が占めるものの、本章ではａ・ｂ両者を総称して「中国系移民」と呼ぶ。

（5）中国系に対して実施された排華諸法は、のちに日本ひいてはアジアからの移民の排斥の原型となった。一九二四年の移民法改正により、アジアからの移民は原則不可能になり、また、東・南ヨーロッパからの移民も激減した。

(6) 出生地主義に基づくシティズンシップ付与はそもそも、イギリスのコモン・ローの伝統に根ざしたものである（Meyler 2001）。イギリスで生得のシティズンシップが明文化されたのは、一六〇八年のカルヴァン裁判まで遡る（Calvin's Case）。スコットランド王ジェームズ六世がエリザベス一世の後を継いでイングランド王ジェームズ一世になった（一六〇三年）ことから生じたカルヴァンの土地相続問題が論じられたこの裁判で、出生地に基づくシティズンシップ付与が認められた。

(7) たとえば一八七三年スローターハウス裁判（Slaughter-House cases, 16 Wall.（83 U. S.）36）や一八九六年のプレッシー対ファーガソン裁判（Plessy v. Ferguson, 163 U. S. 537）が挙げられる（松井二〇〇七年）。

(8) 南北戦争後の再建期には、黒人や中国系移民へのシティズンシップ付与や諸権利の保護が主張されたように（例えば共和党のサムナー［Sumner］、フォウラー［Fowler］、モートン［Morton］）、人種・エスニシティに基づいて排斥するというよりは、「非白人」も含めた国民化が目指されたこともあった。フォウラーは、中国の伝統と中国人がもつ教養を称賛し、機会さえあれば中国人もアメリカ合衆国に同化できると述べた。しかし一八七〇年代に再建期が終わりを迎えると、「異質な人びと」を国民化する試みは終わりを迎え、人頭税・識字テスト・財産規定など表向きには人種やエスニシティによらない基準で、しかし実質的には人種・エスニシティに基づく差別が州レベルで制度化されていった（貴堂一九九五年、二〇〇五年、Meyler 2001: *Congressional Globe*, 41st Cong., 2nd sess., July 2, 4, 1870）。

(9) 現在でも、非正規移民がアメリカ合衆国で生んだ第二世代に対するシティズンシップ付与で、同じ文言が反対派の議論の骨子の一つになっている（大井二〇一一年）。

(10) 公共圏概念の古典といわれる『構造性の公共転換』が英語圏でひんぱんに議論されるようになったのは一九八九年以降だという。これは英訳がこの年に出版されたことを受けてのことである。英訳出版以降、英語圏で公共圏概念をめぐる議論・批判が活発になった。（Calhoun 1992）。

(11) 「文化イディオム」は、スコチポル（Theda Skocpol）がその著書『国家と社会革命』（States and Social Revolutions）に対するスウェル（William Swell）の批判に応えて発表した論文（Skocpol 1985）で用いた概念として知られている（Brubaker 1992, 監訳者解説）。スウェルは、フランス革命をイデオロギー的な世界の再構築―社会秩序を構成する新たなイデオロギーの形成―と理解した。スコチポルはイデオロギーについて「特定可能な政治的アクターによって意識的に政治論議で展開される理念のシステム」と定義したうえで、「文化イディオム」についてはイデオロギーよりも長期にわたって存在し、特定の政治的アクターと名指しすることが難しく、党派的ではないものと定義し、区別している。文化イディオムとは、あるアクターないし集団が他のアクターないし集団に対して自らの集団・利害関心・他集団との関係を説明しようとするさいに、利用される理念やイデオロギーの解釈である。両者の区別をしたうえで、政治的議論を構成する単一の支配的なイデオロギーを想定するスウェルに対し、複数の文化イディオムが共存ないし対抗しつつも存在していたと主張する。ブルーベイカーが文化イディオムを用いたのは、文化のみによって社会現象の要因を説明すること（文化決定論）を国籍《シティズンシップ》制度形成の理解に用いることを避け、理念やイデオロギーそのものというよりはその判断・解釈・利用の方法（文化イディオム）が、「政治的必要性や国家的利害関心に関する判断を輪郭づけ、規定する」（訳 p.39）、それにより「ネーションの自己理解」が形成され、国籍《シティズンシップ》制度―「閉鎖の道具であり、一定の権利を享受したり、特定の種類の相互行為に参加したりするために不可欠」（訳 p.59）なもの ― が形作られると考えたからである。

（12）ブルーベイカーの議論に対する批評は大井（二〇〇七年）を参照されたい。

（13）ルック・ティンシンの裁判資料は San Francisco Law Library で閲覧可能。

（14）ここでは、本論ですでに述べた憲法修正第一四条の "subject to the jurisdiction thereof" を忠誠心との関係で解釈し、国籍《シティズンシップ》付与の対象を限定しようとする解釈を狭義の解釈と理解し、「アメリカ合衆国での出生」を国籍《シティズンシップ》付与の唯一の条件とする解釈を広義とした。

（15）John T. Carey to Attorney General. September 7, October 27, 1888, File 980-84, Letters Received, Year File, Central File, Records of the Department of Justice, RG 60, National Archives and Records Administration, San Bruno.

（16）「ペーパー・サン」とは、排華法の免除階級、とくに商人の息子に書類上なり済まして入国しようとした人びとを指す（免除階級とは、商人・教師・留学生・旅行者・役人とその家族および使用人）。労働者の身分では入国できないため、排華法の対象とならない商人の息子の身分を買い、アメリカ合衆国入国を目指す者もいた。

（17）一八九〇年代から、第一世代の帰化権を求める権利獲得運動もニューヨーク、シカゴ、サンフランシスコで展開されていた（Ooi 2008）。

（18）憲法修正第一一条「合衆国の司法権は、合衆国の一州に対して、他州の市民または外国の市民もしくは臣民が提起したコモン・ロー上またはエクイティ上のいかなる訴訟にも及ぶものと解釈されてはならない」（アメリカ大使館ホームページより http://aboutusa.japan.usembassy.gov/j/jusaj-constitution-amendment.html）

（19）以下断りがない限り裁判に関しては次の裁判記録に依拠する。In the Matter of Wong Kim Ark. On Habeas Corpus. Opinion. National Archives Records and Administration, San Bruno.

（20）ウォンは、清出身の商人が構成する相互扶助組織である「六公司」（Chinese Six Companies）から支援を得て、移民関連の裁判経験が豊富な百戦錬磨の弁護士 ― リオルダン（Thomas Riordan）、エヴァーツ（Maxwell Evarts）とアシュトン（J. Hubley Ashton）― がついた。

（21）この判決は、出生地主義をめぐるのちの議論でも参照されている。アメリカ国籍《シティズンシップ》をもつタリバーン側兵士の例（注1）で参照した新聞への寄稿（Eastman 2006）では、この判決は誤りだったと指摘されている。

参照文献

Baldwin, Simeon E. The citizen of the United States. *Yale Law Journal* 2, (1893) pp.85–94.

Brubaker, Rogers *Citizenship and Nationhood in France and Germany*. Cambridge: Harvard University Press（1992）『フランスとドイツの国籍とネーション：国籍形成の比較歴史社会学』佐藤成基・佐々木てる監訳（明石書店、二〇〇五年）。

Calhoun, Craig "Introduction: Habermas and the Public Sphere." In Craig Calhoun (Ed.). *Habermas and the Public Sphere*. Cambridge: MIT Press,

（1992）pp.1-50『ハーバーマスと公共圏』山本啓・新田滋訳（未来社、一九九九年）。

Collins, George D. Are persons born within the United States ipso facto Citizens thereof. *The American Law Review* 18（1884）pp.831-838.

Eastman, John "Citizens by right, or by consent?" *San Francisco Chronicle*（2006）Monday, January 2.

——. Born in the U.S.A.? Rethinking birthright citizenship in the wake of 9/11. *Texas Review of Law & Politics* 12,（2007）pp.167-179.

後藤光男・秋葉丈志・村山貴子「市民権概念の比較研究（1）」『比較法学』39（1）（二〇〇五年）一一一‐一四〇頁。

Fraser, Nancy "Rethinking the Public Sphere: A Contribution to the Critique of Actually Existing Democracy." In Nancy Fraser. Justice Interruptus: *Critical Reflections on the "Postsocialist" Condition."* New York: Routledge（1997）pp.69-98.

Guendelsberger, John W. Access to citizenship for children born within the State to foreign parents. *American Journal of Comparative Law*, 40（2）（1992）pp.379-429.

Habermas, Jürgen *Strukturwandel der Öffentlichkeit: Untersuchungen zu einer Kategorie derBürgerlichen Gessellschaft.* Frankfurt am Main: Suhrkamp Verlag（1990）『公共性の構造転換』細谷貞雄・山田正行訳（未来社、一九九四年）。

Heater, Derek *What is Citizenship*? Cambridge: Polity（1999）.

——. *History of Citizenship*. London: Allandale Online Publishing（2001）.

Jacobson, Matthew *Barbarian Virtues.* New York: Hill and Wang（2000）.

貴堂嘉之「『帰化不能外人』の創造―一八八二年排華移民法制定過程―」『アメリカ研究』第二九号（アメリカ学会、一九九五年）、一七七‐一九六頁。

Kymlica, Will & Wayne Norman Return of the citizen: A survey of recent work on citizenship theory. *Ethics,* 104（2）（1994）pp.352-381.

LaFargue, Thomas E. *China's First Hundred: Educational Mission Students in the United States, 1872-1881.* Pullman: Washington State University Press（1987）.

Marshall, Thomas Humphrey & Tom Bottomore *Citizenship and Social Class.* Cambridge: Cambridge University Press（1950）『シティズンシップと社会階級』岩崎信彦・中村健吾訳（法律文化社、一九九三年）。

松井茂記『アメリカ憲法入門第五版』（有斐閣、二〇〇七年）。

McClain, Charles J.（1994）*In Search of Equality: The Chinese Struggle against Discrimination in Nineteenth-Century America.* Berkeley: University of California Press.

Meyler, Bernedette The gestation of birthright citizenship, 1868-1896 states' rights, the law of nations, and mutual consent. *Georgetown Immigration Law Journal* 15（2001）pp.519-562.

中條献『歴史のなかの人種：アメリカが創り出す差異と多様性』（北樹出版、二〇〇四年）。

大井由紀「書評：ロジャース・ブルーベイカー（著）、佐藤成基・佐々木てる監訳『フランスとドイツの国籍とネーション―国籍形成の比較歴史社会

学』（明石書店）、二〇〇五年」『年報筑波社会学』（筑波社会学会）第Ⅱ期創刊号、一三三－一三五頁。

Ooi, Yuki Becoming transnational through assimilation: Emergence of national/ ethnic identity among Chinese migrants in the late nineteenth-century Chicago. *International Journal of Japanese Sociology* 17 (Japan Sociological Society, 2008), pp.77-90.

大井由紀「潜在的脅威から潜在的市民へ？：「移民問題」がアメリカに提起する問題」，駒井洋（監修），明石純一（編集），『移民・ディアスポラ研究1　移住労働と世界的経済危機』（明石書店、二〇一一年）二二七－二三八頁。

Pingrey, Darius Harlan Citizens, their rights and immunities. *American Law Register*, September (1888) pp.539-554.

佐藤直樹「グローバル化時代における公共圏再興への視座―フレイザーとホネットの対話を通して」『年報社会学論集』第一八号（関東社会学会、二〇〇五年）、二七六－二八七頁。

Salyer, Luch. "Wong Kim Ark: The Contest over Birthright Citizenship." In David Martin & Peter Schuck (Eds.). *Immigration Stories*. New York: Foundation Press (2005) pp.51-85.

Shafir, Gershon (Ed.). *The Citizenship Debates*. Minneapolis: University of Minnesota Press (1998).

Shklar, Judith *American Citizenship*. Cambridge: Harvard University Press (1991).

Skocpol,Theda Cultural idioms and political ideologies in the revolutionary reconstruction of state power: A rejoinder to Sewell. *The Journal of Modern History* 57(1) (1985) pp.86-96.

Stoney, Thomas P. Citizenship. *American Law Register* (1886) January, pp.1-14.

鈴木康彦『註釈アメリカ合衆国法』（国際書院、二〇〇〇年）。

Yung, Wing（容閎）(1909) *My Life in China and America*. New York: Henry Holt and Company『西学東漸記』百瀬浩訳（平凡社、一九六九年）。

第四章

人種とスポーツ

――アメリカンフットボール映画のなかのヒップホップ世代

はじめに

一九六四年にアメリカ合衆国で公民権法が制定されてから半世紀が過ぎた。アメリカ社会は人種問題解決に向けて前進したであろうか。フランスの分子生物学者ベルトラン・ジョルダン（Bertrand Jordan）は『人種は存在しない――人種問題と遺伝学』（*L'humanité au pluriel: la génétique et la question des races*, 2008）の冒頭、「人種という言葉は、少なくともわが国では政治的に正しくない表現になっている」にもかかわらず、「人種は、われわれの社会に内在化されたものであるかのように、周期的に話題になっている」と述べている。(1) アメリカ合衆国でも同様のことがいえるだろう。一例を挙げると、二〇一四年四月、アメリカ合衆国のプロバスケットボール（NBA）チーム、ロサンゼルス・クリッパーズのオーナー、ドナルド・スターリング（Donald Sterling）によるプライベートでの「黒人」に対する差別的な失言が明るみになり騒動が起きた。

ユダヤ系のスターリングは、弁護士、そして、実業界の大物となったが、黒肌の愛人V・スティヴィアーノ（V.

Stiviano）と「黒人」の男たちとの関係に嫉妬し、彼女に「黒人」をゲームに連れて来るなと言ったのを、芸能ニュースTMZに暴露された。CNNのインタヴューで早々に謝罪したが、三〇年以上クリッパーズのオーナーを務めた彼のNBAでの最後は、罰金二五〇万ドル（約二億六〇〇〇万円）と永久追放だった。[2]そもそもこうした発言自体が消滅すべきなのはいうまでもなく、いまだ人種主義（レイシズム）が消え去っていない証拠となっているが、その一方で、NBAが取った判断に、ポスト人種主義という言葉で表現されるアメリカ社会の変化を読み取ることもできるだろう。

とはいえ、一九九〇年から二〇一一年のNBAにおける「黒人」選手の比率が七二〜八二パーセントの間で推移しているというデータが示すように、[3]「黒人」選手の影響力が大きいといえるNBAだからこそ、こうした厳格な対処がなされたのではないかと訝ってしまう。歴史的に見れば、バスケットボールは「白人」ジェイムス・ネイスミス（James Naismith）が考案したスポーツである一方で、映画のタイトルにもなった「白人は飛べない」[4]といった人種主義的言説が深く刻まれており、権力闘争において「黒人」が勝利したと受け取ってしまうと、人種主義は解決どころか自民族中心主義的なイデオロギー性を帯びて助長されることになる。このように、人種とスポーツというテーマは、ジョン・エンタイン（Jon Entine）の『黒人アスリートはなぜ強いのか？――その身体の秘密と苦闘の歴史に迫る』（二〇〇〇年）の原題、*Taboo: Why Black Athletes Dominate Sports and Why We Are Afraid to Talk about It* が示すとおりタブーなのである。

それにもかかわらず、二一世紀に入った現在もなお、人文社会科学、自然科学双方で、このテーマを扱った研究は依然として続けられている。アメリカ合衆国のスポーツ史を振り返り、「運動能力に優れた黒人」のイメージが、二〇世紀のせいぜい一〇〇年間に形成されたにすぎないことが指摘される一方で、優生学の悪夢を振り払いつつ、陸上競技で活躍するアフリカ系アスリートの遺伝子が分析され、特定の民族集団出身者に有利に働く可能性のある遺伝子が発見されている。しかし端的に言って、これらの議論は『黒人アスリートはなぜ強いのか？』で提示された枠組みのなかで展開されており、そこには、一九七〇年代以降のアフリカ系アメリカ人の状況、特に、（ポスト・）ヒップホップ世代に対する、[5]「運動能力に優れた黒人」という言説の影響への政治的考察が抜け落ちている。

そこで本章では、人種とスポーツをめぐる歴史的発掘、遺伝学の最新の動向を踏まえつつ、時に「教会、国家、セックス、カネ、その他あらゆるものより重要で、その力は神聖かつ世俗的で、社会秩序をもたらし、個人の人生に意味と高い目標を与える」[6]と言われるほど、全米が最も熱くなるスポーツ、アメリカンフットボールを人種の側面から捉えた代表的な映画で、実話にもとづくとされている、『タイタンズを忘れない』（*Remember the Titans*, 2000）、『プライド――栄光への絆』（*Friday Night Lights*, 2004）、『しあわせの隠れ場所』（*The Blind Side*, 2009）を取り上げて、時代性を意識しながら比較分析する。特に、ヒップホップ世代の表象に焦点を当てて、公民権法制定後に人種問題をめぐってアメリカ社会が（どのように）変化したかを検討する。

1　遺伝学とアメリカ・スポーツ史からみた人種

現在、もはや人種という言葉自体が闇に葬り去られようとしているにもかかわらず、『42――世界を変えた男』（*42*, 2013）で「黒人」初のメジャーリーガー、ジャッキー・ロビンソンに再び大々的なスポットライトが当たったように、依然として人種を冠した研究書も枚挙に暇がない。そこで、先に挙げたアメフト映画三作品の分析をおこなうための参照的枠組みを示す試みとして、近年の人種研究における新たな提言を比較考察したい。歴史的な負の遺産として存在し続ける人種問題にどう向き合っていくべきか、すなわち、人種という言葉の使用を停止して全世界の人びとを単なるヒトにするのか、それとも、民族、祖先、あるいは、ヒト集団というかたちで存続させて、医療などに活かしていくのか、さらには、そうした集団が個別の競技に有利に働く遺伝子を持つ可能性があるのか、といったところが争点となっている。

はじめに、人種という概念自体が歴史的にどのように誕生し、人種主義へと変化していったのか確認しておく必要があるだろう。このテーマを概観するのに便利な、アメリカ合衆国の歴史学者、ジョージ・M・フレドリクソンによる『人種主義の歴史』（*Racism: A Short History*, 2001）によれば、古代世界で黒い肌によって差別を受けた証拠は発見されておらず、その一方で、キリスト教者によるユダヤ教徒への反感が反セム主義となり、「井戸に毒を入れる」など、ユダヤ人が本質的に悪と信じられて人種主義が形成された。一四世紀から一五世紀のイベリアでは、すでに黒さと奴隷が結び付けられ、反黒人人種主義があったと見込まれている。身体的な特徴によって分類する人種という概念は一八世紀までは生み出されていなかった。アメリカ合衆国で「黒人」が生来劣等であるというイデオロギーとしての人種主義が出現したのは、一八三〇年代北部で台頭した奴隷廃止論に対する反動であり、再建期から第一次世界大戦までの時代が反黒人主義の絶頂とされている。[7] こうして断片的に人種の歴史を並べてみるだけでも、その概念が歴史的、文化的な構築物であることが分かるだろう。

そのうえでフレドリクソンは、人種主義を、一つの民族集団や歴史的な集団が、別の集団を、差異が遺伝的で変えられないと信じられていることを根拠として排除することだと定義している。この点において、彼は人種と遺伝の関係性をきっぱり否定している。そして、「人種主義という文化は、ひとたび制度化されると、ひとつの計画《アジェンダ》であることを超えて適応されてしまうものであって、消去することは難しい」とし、「この用語を自分たちの語彙から削除したい誘惑に何度も駆られてきた」が、未来の展望として、「人種主義への批判が一般的な原則である私たちの時代にあって、もっとも実りある姿勢は、臨床的《クリニカル》＝分析的なものだろう。［…］人種主義を研究する歴史家や社会学者の責任とは、道徳的に扱うことや非難することではなく、より効果的に取り扱うことを可能にするために、人種主義の有害性を解釈することである。それは癌の医学研究者が癌を道徳的に扱うのではなく、治療法を示すことと同様のことなのである」と主張している。[8] 人種主義を癌に喩えて痛烈に批判し、人種（主義）は捏造された悪しき概念なのだから消去したい、だが、それは難しいから、せめて寝ずの番で「治療」に専念しよう、という言い分は理解できる。ただし、こうした議論の際に一つ強調しておきたいのは、被害者としては、人種主義が決して許されないことには同意できても、その具体的な歴史を忘却されては困る点である。

ベルトラン・ジョルダンによれば、生物学的な観点から見ても『人種は存在しない』。だが彼は、ヒト集団間の差異を「多様性」として捉えて、生存のためのチャンスにしようとする。フレドリクソンの説明とはやや異なるが、人種をヒトに対して初めて使用したのは、フランス人医師、フランソワ・ベルニエが一六八四年に著した書物においてであり、四つの人種に大別したという。そして科学は進歩し、二〇〇三年に完了したヒトゲノムの読み取りによりヒトの多様性が推定できるようになった。ヒト集団間の平均的差異は、各ヒト集団内の人びとの差異のおよそ一〇分の一だそうだ。われわれ全員の祖先が一〇万年ほど前にアフリカで暮らしていた数万人の小集団であるとともに、ほとんどの人類が移動、侵略、交易などを繰り返して他のヒト集団と交わってきた結果である。同書の興味深い点として、ジョルダンは、民族の第一義は共通の文化を持つことであり、共通の文化は遺伝子の構造から生じるものではないという理由で、人種は民族集団とは意味が異なると主張し、代わりに、イデオロギー的に中立で、実際に計測可能な事実に近い「祖先」という言葉を提案している。ＤＮＡ分析によって祖先集団は明確にでき、病気によっては集団間で発生率が著しく異なり、ある種の先天的な能力が祖先集団によって異なることもありうる、としている。そのうえで、「遺伝的、文化的な多様性は危険であるどころか、これらをきちんと認識できるのであれば、われわれにとって大きな財産になる。われわれにはそうした多様性があるからこそ、他の種（たとえば、ネアンデルタール人）が絶滅しても、今日まで生き延びることができたのだ。天然資源の枯渇や、すでにはじまった気候変動など、近い将来に起こる難題に直面する際にわれわれが頼りにできるのも、おそらく遺伝的、文化的な多様性だろう」とまとめている。[9]

祖先集団間の多様性の延長線上において、アメリカ合衆国でのアメフトやバスケットボール、また、オリンピック陸上の走る競技でのアフリカ系アメリカ人やカリブ、そして、アフリカ大陸出身の選手の活躍を見ていると、若原正己の『黒人はなぜ足が速いのか――「走る遺伝子」の謎』（二〇一〇年）といった興味が湧くのは当然であろう。だが、彼は生物学者として遺伝子の観点から、短距離ではカリブ勢、長距離では東アフリカ勢が強い理由を探るなかで、「西アフリカ人と東アフリカ人は、アフリカに住む黒人という枠組みではほとんど同じような人種と考えられがちだが、遺伝的距離を調べてみると、その差は結構大きい。日本人とニューギニア人は肌の色も全くちがうけれども、遺伝的には比較的近い。［…］ということは、肌の色などは人種を分ける決め手にはならない」ことを提示した。その一方で、政治的立場として、「人種間に遺伝的な差があることを認めることと人種差別とは全くちがう」「人種間・民族間の相互理解のためには、お互いのちがいをきちんと理解し、相手の立場を認め合うことがきわめて大切だ」と述べている。[10]「黒人」という括りは否定するが、「人種」の遺伝的な差異は肯定している。これは矛盾しており、「黒人」が一括りにできないのであれば、肌の「白色」「黒色」「黄色」を前提とする従来的な意味での「人種」という概念自体が成立しない。「人種」を「祖先集団」に、タイトルをたとえば「ケニアのカレンジン、特に、ナンディ出身者はなぜ長距離走が得意なのか」に置き換えれば、この矛盾は解消されるかに思える。スポーツ工学の観点から見れば、この問いは有意義なものであろう。

スポーツ史の観点から人種とスポーツを議論するならば、川島浩平の『人種とスポーツ――黒人は本当に「速く」「強い」のか』（二〇一二年）においてアメリカ合衆国での「黒人」の運動能力に対する社会認識の変遷を、選手たちの具体的なエピソードを交えながら概観することができる。「黒人」をアフリカ大陸のサブサハラを出自とする人びととして、一般的に流通している定義を踏まえたうえで、「黒人」が曖昧な概念であることを示そうとしている。本書によれば、二〇世紀初頭までのジム・クロウ（人種分離）体制化では、知力だけでなく運動能力でも、「白人」は「優」であり、「黒人」は「劣」であると見なされていた。一九二〇年代から一九三〇年代にかけて、北部都市を中心にスポーツ関連施設が整備され、義務教育での指導が浸透して、移民や貧しい人びとにも手が届くようになった。スポーツ産業は、新興産業として一九三〇年代に黒人アスリートが台頭する舞台を用意した。一九三六年のベルリンオリンピックでは、ジェシー・オーエンス（Jesse Owens）をはじめ、「黒人」アスリートがアメリカ・スポーツ界で最も目立つ位置を占めるようになった。用具の必要性が少なく、貧困家庭の子供でも参加が可能であり、コートが「黒人」街近くに作られたバスケットボールも、一九二〇年代に「黒人」プロチームが設立された。公民権運動が加熱した一九六〇年代、カレッジ・バスケットボールでは、スターティングメンバー全員が「黒人」という前代未聞の掟破りでテキサス・ウエスタン・カレッジが名門ケンタッキー大学に勝利した。その一方で、ベースボールは、二〇〇〇年代に入って、アメリカ三大スポーツでは唯一、プロリーグに所属する「黒人」選手の比率が一〇パーセントを下回って、「白人」化が進んでいるという。[11]

川島はこうしたアメリカ・スポーツの歴史物語を説明したのち、アメリカ合衆国の小学校や中学校では人種が定義されたり、説明されたりすることはなく、「人種は三つ」と数える大学生はほとんどいないことに言及しながら、『黒人であること』と『運動あるいは音楽に優れている』ことの間に因果を見ることは無理である」と結論付けている。[12]アメリカ合衆国のスポーツ界において、特定の祖先集団がある競技から排除され、あるいは、自ら参加しない歴史的、文化的、認識的状況証拠が挙げられており、「黒人」という言葉自体の限界が読み取れるはずである。ただし川島は、ジョルダンや若原による、個々の祖先集団が持つとされる、特定のスポーツに有利になる可能性のある遺伝子の話にも否定的である。ケニア、ナンディ出身の長距離走者の事例に対しては、あくまで、その人びとが主張する「強い精神力」、牛を他の集団から盗む際に走らなければならなかった慣習、遠く離れた学校に通うために余儀なくされた幼少期の豊富な走行距離といった、恵まれた歴史的、文化的条件によるものとして、先天的な遺伝説を否定している。[13]

そして、ジョルダン、若原、川島の中間の立場を取るのが、ジョン・エンタインとなっている。『黒人アスリートはなぜ強いのか？』において、アスリートであることはアングロサクソンの最良の伝統の一部であり、「黒人」は意志や精神力が劣り、さらには、筋骨は逞しいが肉体はひ弱という人種主義の紹介をはじめ、一九二八年に初めて明るみになった「黒人」「白人」アスリートの差異の研究データがその後も一貫していることなど、前述した三人の研究者が展開しているアメリカ・スポーツ史や遺伝学の議論を、彼らの著作よりも早い時期に詳しく説明している。特に、本章のテーマに関する部分では、ナショナル・フットボール・リーグ（ＮＦＬ）の有名解説者、ジミー・スナイダー（Jimmy Snyder）による「かつての奴隷主は黒人を高配させて、肉体的に最良のタイプを生み出した」という失言に言及しながら、「ニグロ産出州」としてのヴァージニア州における、より逞しい奴隷を生み出す取り組みに注目しておきたい。[14]

そして、「ユダヤ人にテイ・サックス病の傾向があり、『黒人』に鎌状赤血球貧血症が多いことを難なく受け入れるのに、なぜ、西アフリカ人が世界最高のスプリンターとして進化してきているかもしれないという説を人種主義とみなす」のか、と疑問を呈し、「白人にはジャンプができない」と結論付け、「わずかな遺伝的な優位が黒人が『天性のスプリンター』だという社会的なステレオタイプを生み出し、それが無限の円環を形成する。文化が生物学的な差異を誇大化する。冷静な探究者であれば、黒人アスリートの成功には、文化と遺伝学が相互に織りあわされた数多くの理由が存在するのではないかと気がつくはずだ」と主張している。特に、「生物学的な決定論と、それが政治的に利用された歴史を浄化しようと躍起になっていた戦後の文化人類学が、今度は新しいイデオロギー、すなわちすべての個人は平等に生まれ、人生経験を除いて有意の差はないとする絶対的な信念の旗振り役を務めようとしだしたのだ。

環境決定論者の極端な者たちは、理論が現実を決定するのだと信じているようだった。この新しい価値体系が、「ポスト・モダニズム」として知られる運動の核心思想であり、これは今日でもなお、社会科学や大衆文化では有力な思想である」と、文化構築論者を痛烈に批判している。[15]

ここまで見てきた限りにおいて、人種とスポーツをめぐって遺伝か文化か最終的な判断を下すには、まだ遠い道のりがあるように思われる。だが、ここまでの議論では、一九七〇年代以降のアメリカ合衆国の状況が抜け落ちている、あるいは、少なくとも十分には取り上げられていない、という点を指摘しておきたい。一口にアメリカ合衆国のプロスポーツ、たとえば、NBAでの「黒人」の活躍といっても、それぞれ一〇歳ほど離れた、各世代を代表する選手である、マイケル・ジョーダン（Michael Jordan）、アレン・アイバーソン（Allen Iverson）、レブロン・ジェームズ（LeBron James）では「スタイル」が異なる。[16] また、映画『スペース・ジャム』（*Space Jam*, 1996）でも取り上げられたように、「エア」ジョーダンはベースボールでは活躍できなかった。そこで、K・エッジントン（K. Edgington）らが『スポーツ映画辞典』（*Encyclopedia of Sports Films*, 2011）において、「一九七〇年代以降のスポーツ映画の増加は、アフリカン・アメリカン研究の萌芽と一致している」という点を踏まえ、[17] アメフト映画をとおして、一九七〇年代以降のスポーツと人種を考察してみたい。

2 『タイタンズを忘れない』――「白人」の自己犠牲と人種的多様性

一九六〇年代から一九七〇年代にかけてのアメリカ合衆国の公民権運動による人種統合をテーマとして取り上げたスポーツの映画といえば、カレッジ・バスケットボールを舞台にした『グローリー・ロード』（*Glory Road*, 2006）もあるが、『タイタンズを忘れない』とは大きな違いがある。チームの監督が、前者は「白人」であるのに対して、後者はデンゼル・ワシントン（Denzel Washington）が演じる「黒人」で、しかも相棒に「白人」を迎えて相互に補完的であり、人種統合の夢を体現しつつ、「黒人」に監督は務まらない、という言説を覆す[18]。アーロン・ベーカー（Aaron Baker）が『競合するアイデンティティ――アメリカ映画におけるスポーツ』（*Contesting Identities: Sports in American Film*, 2003）の結論において、『タイタンズを忘れない』を取り上げて、非常に対話的で、「黒人」「白人」双方からの要求としての人種統合に成功していると評しているように[19]、本作品は白熱したゲーム展開もさることながら、人種統合へ向けた「白人」コミュニティ内での軋轢や、人種統合のあるべき姿への問いに真摯に向き合っている点で魅力的である。

一九七一年、ヴァージニア州アレクサンドリアの、人種統合がはじまったばかりの高校を舞台としており、冒頭から暴動が発生するなかで、「白人」「黒人」住民双方が敵対的姿勢で対峙し、校内でも学生同士は分離したままの状態となっている。一九六八年のメキシコオリンピックにおいて、トミー・スミス（Tommie Smith）とジョン・カーロス（John Carlos）が表彰台で、黒の軍手をはめた拳をあげて人種差別への抗議をおこなった瞬間のポスターを、二人部屋で「黒人」学生が貼ろうとしたのを、「白人」学生が止めさせようとして喧嘩になるといった具合である。また、カリフォルニアからきた長髪の「白人」転校生が「黒人」の仲間をバーに連れて行った際には、ヒッピー呼ばわりされ、「黒人」とともに締め出されるように、人種主義の根深さが前景化されている。試合における敵チームの監督や、さらには審判からの差別も露骨におこなわれる。

これらに対し、本作品の一つの特徴として、フットボールに関わる「白人」の一部が、人種統合に向けて勇気ある挑戦を展開する。元々この高校のフットボール部監督であった「白人」ヨーストは、人種統合政策において、「黒人」ブーンによってその座を奪われるが、育ててきた「白人」選手たちの将来を考えて、他校への転籍を取り止め、さらには、人種主義的な「白人」の同僚との友情を捨ててまでアシスタントコーチとしてブーンの下で働く。また、州のフットボールの殿堂入りを逃す覚悟で、不正を働く「白人」審判たちに抗議する。

そうした指導者に呼応するように、チームの柱である「白人」ゲリーも、「黒人」チームメイトを守らなかった「白人」チームメイトを自らの意志決定でチームから除籍し、「白人」の仲間に対する「裏切り者」となりながらも、「黒人」選手の相棒ジュリアスとの信頼関係を構築する。恋人エマも、最初ゲリーからジュリアスを紹介されたときには、握手を拒否したように、なかなか人種統合を受け入れることができないが、決勝戦に訪れ自ら握手を求めている。だが、ゲリー自身は決勝戦の前に車の事故で下半身付随になり、一〇年後、車椅子砲丸投げでメダルを獲得したあと、飲酒運転の車に追突され若くしてこの世を去っている。映画では単に短く事故と説明されているが、「裏切り者」ゲリーの死には人種主義の影がつきまとう。実際、オープニングとエンディングはゲリーの埋葬シーンとなっており、不自然な死と、だからこそ、人種統合の真の英雄が彼であることが強調されている。

人種統合チームの成功のもう一つの理由は、人種的多様性にある。「白人」「黒人」選手双方が対話もままならなかったチーム結成時には、「黒人」選手たちが「ソウルパワー」を訴える一方で、「黒人」監督ブーンは、陽気な「黒人」ピーティへの叱責をはじめとして、選手に笑みを浮かべさせず厳しく接し、ジャケットの着用を義務付ける。だが、彼は合宿で相棒ヨーストと選手全員を引き連れて、南北戦争の決戦場であるゲティスバーグの戦地に立ち、人種統合への想いを述べ、初戦の直前に、対戦相手は「全員白人のヘイフィールド。彼らには人種問題がない。我々にはある。だからこそ強い」と激励する。文化的に形成された性質として、「黒人」選手たちは、冗談で互いの母親を貶すダズンズを繰り返し、リズムを取って歌いはじめ、試合開始時には必ず「風変わり」なダンスで入場し、ヒッピー的選手とともにトリッキーなプレーを楽しんでおり、厳しい顔つきをした男たちの肉弾戦といった物々しい雰囲気を陽気な笑いで撹乱する。また、単に「黒人」選手たちの体格の大きさや走力といった身体的特長で勝負するというよりは、二人のコーチが知恵を出し合って勝利している。人種混成チームがより高度な頭脳的戦略を展開していくことで、「高い身体能力を持つ『黒人』選手の低い知能」というステレオタイプに亀裂を生じさせる。

関連するエピソードとして、巨漢の「白人」選手ルーイは、自身の家系において大学へ進学した者がいないことを理由に、入部当初は自身の学力にまったく自信が持てず、高校生としてのいまのアメフト生活を楽しむことだけしか考えられないが、「黒人」ブーンの支えで大学進学を果たす。「黒人」選手との関係を最初に築いたのも彼であった。知能、学力に人種は関係なく、しかも、遺伝的なものでもないことが示唆されている。同様に、ブーンは人種統合のために「黒人」監督も一定数存在しなければならないということで監督に担ぎ出されるが、その一方で、「黒人に監督などできない」という言説も蔓延しており、二つの力の板挟みになる形で、一試合ごとに負ければ即解雇という逆境に立たされている。こうした点において、ヨーストの自己犠牲と、ブーンの人種とスポーツをめぐる諸言説を覆す偉業が、比類なき人種的多様性のパワーとして描き出されることになる。

ただし、ベーカーなどの大学の研究者が本作品を賞賛する一方で、新聞メディアの評価は総じて厳しい。たとえば、ワシントンポストでマイケル・オサリバン（Michael O'Sullivan）は、「膨張した植物繊維の薄いスープの離乳食を無理やり食べさせられたとき、つまり、興奮させる戦いのドタバタ、人種や国家を一つにするスポーツの力についての疑わしい似非社会学的考察に、口のなかが不快になる。そうしたプロパガンダはオリンピックで十分だ」と批判している。(20)同紙でのスティーヴン・ハンター（Stephen Hunter）の意見はさらに厳しい。本作品は、「型にはまっていて、予測ができ、退屈で、人の心を掴むような主張は何もしていない。以前に、はるかに優れたかたちで何度も作られてきたものなので、すべてわかっていて、観る必要がほとんどない」。(21)史実がどれほど感動的であっても、スポーツ界の人種統合という使い古されたテーマを扱おうとする時点で、批評家からのこうした批判は予測のつくことかもしれない。だとすれば、人種統合がある程度進んだあとのヒップホップの時代のスポーツと人種は、研究がさほどなされていないことからも、魅力的なテーマとなるかもしれない。実際、その時代を舞台とする『プライド――栄光への絆』は知名度では、『タイタンズを忘れない』『しあわせの隠れ場所』には及ばないかもしれないが、批評家からは高評価を受けている。(22)

3　『プライド――栄光への絆』――反動、再モンスター化する「黒人」

『タイタンズを忘れない』で、ようやく人種問題は少し改善の兆しを見せたが、一九六五年のマルコムX没後に誕生したヒップホップ世代が登場する一九八〇年代から一九九〇年代を舞台とする『プライド――栄光への絆』では、スポーツ、特に、アメフト界での「黒人」の地位は、出場の機会すらままならなかった一九六〇年代とは打って変わり、中心へと移行するものの、その反面、彼らは身体能力に優れた野獣として再表象される。さらに言えば、人種統合は後退し、アファーマティヴ・アクション（格差是正措置）を楯にした「黒人」、しかも、大きな身体で威嚇するバッドボーイズのチームが現れる。

テキサス州オデッサにある高校のチーム、パンサーズは、最初は、大学のスカウトが注目する、将来奨学金も確実視される「黒人」ブービーを中心とするチームとして設定されている。彼は首にゴールドチェーンをぶらさげ、黒のナイキシューズにこだわり、筋力トレーニングを必要としない「神が与えてくれた」身体能力を自認して、フィールドでは笑みを浮かべてわが物顔で駆け回る。「白人」監督ゲーリーは、大した采配も必要なく置物同然である。当時のヒップホップファッションを反映するとともに、先天的な「黒人」の身体能力を連想させ、文化、スポーツにおける「黒人」支配を印象付けている。

しかし本作品は、そうした支配が表面的なものでしかないことを暴いている。フィールドで活躍するのは「黒人」かもしれないが、それを取り囲む観客は「白人」となっている。実際、「黒人」選手たちがクラブで盛り上がっている一方で、オデッサの町全体が地元高校の州大会での優勝に目の色を変え、チーム関係者以外の「白人」の大人たちが、監督を囲んで真面目な面持ちで戦略会議を開いている。これは、エンタインが説明したように、奴隷制時代の主人たちが、奴隷を競わせていた歴史を彷彿させる。そして、リーグ戦半ばでブービーが靭帯損傷で選手生命を絶たれたとき、おぞましいリアルが彼と監督に突きつけられる。一気にチーム状態が悪化し、監督には嫌がらせや脅迫がおこなわれる。ブービーが家のポーチで佇んでいると、目の前で「黒人」の清掃作業員たちが収集作業をおこなっており、アメフトしかできない彼が廃品同然ということが暗示され、プロ選手を目指す「黒人」の若者への警告となっている。川島も取り上げているが、[23]オバマ大統領自らも、ラッパーやスポーツ選手以外の道に「黒人」の子供たちの目を向けさせるべきだと全米有色人地位向上協会（NAACP）の記念大会で演説している。[24]また、ブービーは育ての親の伯父の胸で涙を流しながら、自身が必死に練習したと打ち明けており、人種と身体能力の先天的関係性に疑問が投げかけられる。

ブービーが去ったあとのパンサーズは大型選手を欠いた人種混成チームとなる。一つの救いは、それまで補欠だった「黒人」コーマーに長い距離を駆け抜ける走力があったことであり、結果として、「黒人」の先天的な身体能力の言説は存続する。それと同時に、小柄な「白人」リーダー、マイクの逆境に屈しない精神力も強調されており、人種的なステレオタイプが蘇ってくることになる。チームは必死に食らいついていく感じで、どうにかファイナルステージに残り、トーナメントの決勝戦でバッドボーイ集団、カウボーイズと対決することになる。この敵チームはメンバーが皆大柄な「黒人」で、コーチングスタッフ、チアリーダー、応援まで「黒人」で占められており、公民権運動時代の残余といえる人種混成チームと、萌芽的なヒップホップ世代の「黒人」チームの世代交代を示唆する対決となっている。それにしても、「黒人」のカウボーイズとは、皮肉なネーミングである。

決勝戦開催にあたって、双方のチームの代表者が試合開催地や審判について議論する。カウボーイズ側は、相互の応援団の人種対立を避ける名目で開催場所に注文をつけているが、それは、「白人」ばかりの観客のなかで「黒人」チームが不利にならないようにするための配慮にもなっている。また、審判に関しても、「黒人」チームが人種比率の公平を強く主張している。「白人」監督ゲーリーはそれらをすべて受け入れ、フェアに戦おうとするが、実際の試合では、審判は「黒人」チームの暴力的な反則に目をつぶり、人種混成チーム側が審判の不利という逆境のなかで戦うことになる。このように、一九八〇年代から一九九〇年代を時代背景とするアメフト映画では、人種的立場の逆転が起こっているが、それは、「黒人」選手たちにとっても好ましい状況とはいえない。

実際、作品全体としては、アメフトを愛しつつも身体に恵まれず、町を守る兵隊であるかのように、あるいは、「自分たちが一七歳とは思えない」と感じるほどに町全体からのプレッシャーに晒され、それでも屈しない「白人」選手たちの美談となっている。その証拠に、「実は『プライド』は、慣習的な意味でフットボール映画ではなく、フットボールをめぐって起こる人生についての映画」であり、(25)「英雄ではあったが、思春期を殉教者、生贄として過ごし、試合後、土地の測量士、工事現場作業員、保険外交員となったチームメンバーのリアルな人生を知るエンディング」が最も感動的だと評されているが、(26)そのなかでも、大人になったマイクが自分たちの後継者たる子供たちに向かって（ある意味で呪いのかかった）ボールを投げる瞬間が最も印象深い。したがって、試合結果は接戦の末の「黒人」チームの辛勝となっているが、作品全体として見た場合、「白人」の精神的勝利となっている。その一方で、作品中のテレビの解説が「モンスター」と称するように、敵の名も無き「黒人」選手たちは悪役扱いされ、行く末を伝えられることもない。こうしてみると、人種統合への反動が読み取れ、人種問題は解決どころか、後退しているといわざるをえない。

補足として、時代を共有するトム・ウルフ（Tom Wolfe）の小説『成りあがり者』（*A Man in Full*, 1998）における「黒人」アメフト選手のイメージを見ておきたい。「大学という大学が、学生に『多様性』だの『平等』だの『多文化主次のように描写されている。

［…］ごたくだ」としたうえで、[27] ジョージア工科大学全米フットボール・チームのスター、ファリーク・ファノンが義』だのを押しつけようとしている――だが、話を横道にそらさせんでくれ。それが何なのかは分かってるだろう、

この町で最も荒廃した地区の一つ、ブラフが生んだ最大の誇り。薄暗い部屋で、あんなにぞっとする格好でだらしなく座っていても、この黒人の青年は肉体の力を発散していた。赤い縞模様の襟のついた黒いポロシャツを着て、胸元を大きくはだけ、首の両脇から鎖骨にかけて伸びた厚い筋肉がのぞいている。首には金の鎖。それはとてもずっしりとしていて、イスズのピップアップトラックを赤い粘土の溝から引きずり出すときにでも使えそうだ。二の腕とひじと手首には、正真正銘のゲットー出身の少年の、隆々とした筋肉とワイヤのような腱がついている（文字盤にダイヤモンドをはめ込んだ金のローレックスをしているのは言うまでもない）。そして何よりも、目にはあの抜け目ない、敵意に満ちた表情。[28]

知能に関する言及が一切ない一方で、「肉体の力」「厚い筋肉」「隆々とした筋肉」というように繰り返し身体が強調され、それに加え、貴金属をひけらかした威嚇する態度でヒップホップ的なサグ（悪党）を体現している。こうした、身体に恵まれた「黒人」の再モンスター化という退行的でかつ新しい現象が二作品には共通しており、この時代性を踏まえて『プライド』を読み直す際、注目すべきは、「白人」のガッツではなく、ヒップホップ世代の「黒人」における主体性の不在である。より具体的にいえば、怪我で将来を奪われた、すなわち、プロスポーツ選手という幻想が打ち砕かれた先に現れるリアルを突きつけられた「黒人」の若者の声である。アファーマティヴ・アクションに取り残されたゲットーの「黒人」たちをどのように救済するか、それは二一世紀のアメリカ社会に残された宿題である。

4 『しあわせの隠れ場所』――サグとの決別

オバマ大統領が誕生したあとのポスト人種主義の時代に呼応するように、ポスト・ヒップホップなる言葉も出現している。ヒップホップ・アーティストを数多く撮影してきたアメリカ合衆国の写真家、デヴィッド・ラシャペル（David LaChapelle）監督による、ストリートダンスのドキュメンタリー『ライズ』（*Rize*, 2005）のなかで言及され、また、詩作、映画制作、研究者と多面的に活躍するM・K・アシャンテ・ジュニア（M. K. Asante, Jr.）の『イッツ・ビガー・ザン・ヒップホップ――ポスト・ヒップホップ世代の台頭』（*It's Bigger Than Hip Hop: The Rise of the Post-Hip-Hop Generation*, 2008）のように研究書の副題にもなっている。アメリカ合衆国の若者文化の主流を占めるまでになったヒップホップにおける物質主義、性差別主義、そして、リアルとして称揚されてきた暴力やドラッグに絡むダークな部分を批判する動きである。『タイタンズを忘れない』で経験された人種差別を批判すると同時に、『プライド』に登場したヒップホップ世代の「黒人」の若者たちの堕落した文化とも決別しようとする時代の到来である。そのポスト人種主義を具現化したのが、現在ボルチモア・レイブンズに所属するアフリカ系のマイケル・オアー（Michael Oher）がアイルランド系家族の支えによってホームレスからプロ選手へと昇りつめたサクセスストーリーをもとに制作され、二〇〇九年アカデミー賞作品賞にノミネートされた『しあわせの隠れ場所』である。

本作品では「黒人」の身体能力をめぐるデリケートな議論は細心の注意を払って扱われている。主人公マイケルはバスケットボールやアメフトに向いていそうな巨体を持っているが、彼の才能を見いだすリー・アンは、身体の大きさではなく、職業適性検査で発見された保護本能をレフトタックルというポジションに活かそうとする。味方のクォーターバックがボールを持って走る際に死角からタックルされないように守る役割を担っている。彼は最初無口だが、実はバッドボーイ的な攻撃性をまったく持たず、家族を守ろうとする優しさが、プロ選手に昇りつめた特質とされている。試合中、観客の一人が彼のことを「熊」と呼んだのに対して、リー・アンは抗議している。

また、「白人」の婦人同士のランチで、友人がリー・アンの娘とマイケルを同じ屋根の下に置いておいてよいのか、とセクシャルな面での「黒人」男性のステレオタイプを仄めかすが、これに対しても、リー・アンはきっぱり否定する。ヒップホップのリアルなストリートでは、「黒人」男性たちがドラッグや暴力で若くして命を落とし、父親不在の「黒人」家庭が生まれ、その結果、低所得ゆえに子供たちが犯罪に手を染め死に至ったり、刑務所行きになったりする負の連鎖が起こっていた。これは単なるイメージとして片付けることができず、いくつかの新聞記事を映し出した本作品のエンディングでも言及されている。それに対し、巨体の「黒人」選手が子供たちを楽しそうに見守る姿に、もはやそうした不安は微塵も感じられない。

さらに、マイケルは本能だけでなく自らの意志にもとづく行動としても、ヒップホップ的空間と決別しようとする。元々、テネシー州メンフィスのゲットー出身の彼は、ホームレスになったあと、幸運にも身体の大きさを見込んだ「白人」のアメフト監督が、自身のキリスト教系の高校に入学させ、それを契機として、裕福なアイルランド系のテューイ家に身元を引き受けてもらい、豪邸に住むことになる。そして、実母を捜して地元に帰ったときに、ドラッグ・ビジネスに手を染める幼馴染みたちの集団に回収されそうになるが、その時ばかりは暴力的になり、「ホーム」と決別することになる。ちなみに、幼馴染みたちがポーチで佇む姿は、一九九〇年代前半のフッド映画の代表作品『ポケットいっぱいの涙』(*Menace II Society*, 1993)に登場する、ドラッグに塗れた血で血を洗う闘争を展開する凶悪な「黒人」の若者たちの姿と酷似する。本作品で、「黒人」の若者マイケルは自らの意志において、こうした過去の亡霊たちを払い除けるのである。

その他、服装は『成りあがり者』で描写されていたようなヒップホップスタイルではなくラガーシャツ、また、車は高級オープンカーやSUV車ではなく、南部「白人」らしいピックアップトラックを選ぶ。そして何にもましてマイケルの意志が尊重されるのは大学選びである。数多くのスカウトが訪れるなか、テネシー大学かミシシッピ大学で迷った末に、ミシシッピ大学を選択する。だが、その大学は、彼を育てたテューイ家の母校であり、彼らは熱心なアメフトチームの支援者でもあったので、彼らが母校のチームを強化するためにマイケルを利用したのではないかという嫌疑を全米大学体育協会からかけられる。大学選びについて、マイケルの意志を尋ねなかったことをリー・アンは反省して直接彼に謝罪し、結局、彼は「家族の皆が通った大学だから」という理由で、自らの意志で自身の道を選択する。その結果、主人と奴隷の関係は解消され、さらに、彼は「黒人」の身体能力の高さやヒップホップスタイルといった言説からも脱出し、一人のヒトとして、アメリカンドリームを存続させる。

そして、もう一つアメリカ的価値観を支持する要素として、キリスト教を挙げることができる。彼をストリートから救い出したのは、キリスト教系の高校によるその宗教的精神であり、また、自宅にマイケルを引き取ったリー・アンは絶えずクロスを身につけている。シアン・クロッソン（Seán Crosson）は『スポーツと映画』（*Sport and Film*. 2013）で、本作品における伝統的なアメリカ合衆国のキリスト教精神の前景化を指摘している。[29] 本作品は商業的に最も成功したアメフト映画となったが、その理由は、アメリカ的価値観にもとづいた上品さがメインストリームの「白人」にも受け入れられたと捉えることができるだろう。

ちなみに、『ポスト・ヒップホップ世代――世代として成功するための二〇カ条』（*The Post Hip-Hop Generation: 20 Principles for a Successful Generation*. 2009）の著者であるカイモ・ドケット（Kymo Docket）は、高校でスポーツをしている五万人に一人しかプロになれないという数字を挙げたうえで、一〇年間クリスチャン・ヒップホップ運動を展開してきた自己を振り返り、「世俗的なヒップホップを捨てて、クリスチャン・ヒップホップをはじめることが、いかに自分の人生を変えるか想像することなどできなかった。それは自分がおこなった最高の決断だった」と述べている。[30]

こうした事例からも、ポスト・ヒップホップの「ポスト」にキリスト教が入る、保守化の動きを感じ取ることができる。

しかし、「最大の問題は、リー・アンの性格が決して変わらず、疑念、罪、利己性といったものを少しも感じておらず、やがて、彼女の善良さは虚栄へと陥っていく。マイケルは奇妙にも白紙のようなキャラクターであり、彼の内面性はリー・アンのどぎつい自画自賛のなかに失われていく。ドラッグディーラーや、少しだけスクリーンに現れるマイケルの薬物中毒の母といった、暴力や、機能不全、絶望を思い起こさせる、彼のテューイ家以前の生活は、駆け足のフラッシュバックとぼんやりとした物語でしかない」という批判もある。[31] マイケルとテューイ家の美談を非難する必要はなく、また、ドラッグや暴力も決して容認されてはならないが、いま人種問題をめぐって救済されるべきは、彼が捨て去ったゲットーに依然として佇むかつての仲間のはずである。彼らは劣悪な環境に回収されたままである。したがって、ストリートとの決別という倫理的決断の意味は、諸刃の剣として、緊張感を孕んだまま宙吊りにされることになる。

おわりに

人種とスポーツの研究は、アメリカ・スポーツ史の観点からいえば、一九七〇年代以降のさらなる調査が必要といえる。アメフト映画三作品の分析だけでも、「黒人」たちのフィールドでの活躍の向こう側にあるリアルが見えてきて、その研究価値が分かったであろう。どれほど人種統合の命がけの苦難が美談であっても、テーマとして使い古されているとして、『タイタンズを忘れない』が高く評価されないように、人種の議論が一九六〇年代で思考停止することは決して許されない。マルコムX没後に誕生したヒップホップ世代の「黒人」選手たちは、アメリカ・スポーツ界でブラックパワーを炸裂させたが、『プライド』で垣間見えたように、その選手たちのプレー、そして、ライフスタイルは、公民権運動によって形成された人種統合のイデオロギーとは一線を画し、一般社会からは到底受け入れらないものであった。彼らはゲームには勝利しても、社会的にはどちらかと言えば引き続き敗北者であった。ラップ同様に、主流となって成功したがゆえに、「白人」に責任を押し付けることもできず、肌の色を同じくする多くの子供たちにアメリカンドリームの幻想を抱かせてしまった分、代償も大きくなった。ただし、保守化の兆候は否めないとしても、『しあわせの隠れ場所』が示すように、ゼロ年代も終わりに差し掛かった頃、バッドボーイ的なスタイルもついに流行遅れになったことは吉報かもしれない。

公民権法制定後、半世紀を迎えた現在において、人種研究が取り組むべき大きな課題の一つは、一九七〇年代以降のアメリカ合衆国の人種関係の変遷を辿り、いまなおリアルなストリートに取り残されたサグたちを救済することである。この目的において、人種とスポーツというテーマに取り組む限り、それは決してタブーではなく、人種関係をめぐる議論に実り豊かな前進をもたらすに違いない。

注

本章は　二〇一四年六月八日に沖縄コンベンションセンターで開催されたアメリカ学会第四八回年次大会、部会C「公民権法制定後半世紀、アフリカ系アメリカ人文学・文化は変わったか?」での報告「スポーツ映画のなかのヒップホップ世代 ― *The Blind Side*（2009）の死角」に加筆修正したものである。

（1）ベルトラン・ジョルダン『人種は存在しない ―― 人種問題と遺伝学』林昌宏訳（中央公論新社、二〇一三年）九頁。

（2）Ismael Estrada and Catherine E. Shoichet, "Donald Sterling tells Anderson Cooper: I was 'baited' into 'a terrible mistake'" (12, May 2014) 30 May, 2014 〈http://edition.cnn.com/2014/05/11/us/donald-sterling-interview/〉.
このインタヴューでは、本件で自分は罠にかかったという趣旨のコメントをしている。続報もある。Steve Almasy, "Donald Sterling in CNN exclusive: I'm not a racist, I'm a giver" (15, May 2014), 30 May, 2014 〈http://edition.cnn.com/2014/05/14/us/donald-sterling-interview/〉.

（3）川島浩平『人種とスポーツ——黒人は本当に「速く」「強い」のか』（中央公論新社、二〇一二年）一六七頁。

（4）一九九二年に制作された、ロン・シェルトン監督『ハード・プレイ』（二〇世紀フォックスホームエンターテイメント、二〇〇二年）の原題は、*White Men Can't Jump* であり、「黒人」たちのカネ賭けストリートバスケットボールに「白人」が紛れ込むストーリーとなっている。バスケットボール界における「白人」「黒人」間での逆転した権力関係を、笑いによってさらに転覆させている。

（5）Bakari Kitwana, *The Hip Hop Generation: Young Blacks and the Crisis in African-American Culture* (New York: Basic Civitas Books, 2002), xiii. において、一九六五年から一九八四年に誕生した年齢集団がヒップホップ世代と定義されている。ポスト・ソウル世代とも呼ばれるが、これらの定義に関しては、Daniel Grassian, *Writing the Future of Black America* (Columbia: The University of South Carolina Press, 2009), pp.6-7. において詳しく説明されている。

（6）A. O. Scott, "Glory Days on the Gridiron: Young Manhood, Texas Style" (8, October 2004), 30 May, 2014 〈http://movies2.nytimes.com/2004/10/08/movies/08LIGH.html?oref=login〉.

（7）ジョージ・M・フレドリクソン『人種主義の歴史』李孝徳訳（みすず書房、二〇〇九年）一四、一六、二三、二六、五〇、七九、八一頁。

（8）同右、九四、一五六、一六三、一七六頁。

（9）ベルトラン　前掲書（1）、一五、五二、一二三、一七七、一八八、一八九、一九二-一九四頁。

（10）若原正己『黒人はなぜ足が速いのか——「走る遺伝子」の謎』（新潮社、二〇一〇年）五-七頁、一一八、一一九頁。

（11）川島浩平『人種とスポーツ——黒人は本当に「速く」「強い」のか』（中央公論新社、二〇一二年）四、四九、八〇、八三、一〇三、一五〇、一五五、一七三-一七四頁。ただし、ベースボールに関して、エンタインは、このスポーツでの黒人選手が相対的に少ないことを理由として、黒人がスポーツすべてを支配しているわけではない証拠とされているが、実際には、一九八〇年から二〇〇〇年にかけての二〇年間でヒスパニック系がメジャーリーグに占める割合が二〇パーセントを超えるまでに激増しており、しかもその多くが「黒人」だと主張している。ジョン・エンタイン『黒人アスリートはなぜ強いのか？——その身体の秘密と苦闘の歴史に迫る』星野裕一訳（創元社、二〇一三年）四六頁。

（12）川島　前掲書（11）、二三四、二三七頁。

（13）同右、二二四頁。

（14）ジョン　前掲書（11）、一〇六、一一一、一九八、三三四、三四一頁。

（15）同右、二八〇、二八一、三六一、四一〇頁。人種と医療に関してはジョルダンが大きく取り上げており、アフリカ系アメリカ人の前立腺がんに言及しつつ、二〇〇五年にアメリカ食品医薬局が、心不全の治療薬、バイディルを、アフリカ系アメリカ人の患者の治療だけに承認した件を厳しく非難している。彼は、人種によって異なる医薬品が開発されるにつれて、人種が遺伝的に異なっていると人びとが思い込むようになると懸念している。また、アメリカ合衆国でのＤＮＡ検査による祖先特定ビジネスの最前線に関しても、企業名を挙げて紹介し、これに対して、結局、我々は皆、「混血」であることが分かるが、その一方で、人種という有害な概念に生物学的根拠を与え、強化してしまう、と不満を漏らしている。べ

ルトラン　前掲書（1）、一三六、一三七、一七四頁。

（16）マイケル・ジョーダンは一九六三年、アレン・アイバーソンは一九七五年、レブロン・ジェームズは一九八四年生まれ。スキンヘッドにスーツを着こなすジョーダンは公民権運動世代とヒップホップ世代の橋渡し世代、全身にタトゥーが入ったアイバーソンはヒップホップ世代、ラッパーとの親交も深いがオリンピック代表選手を経験して地域貢献や青少年育成にも力を注ぐ。ジェームズはポスト・ヒップホップ世代に属しているといえる。

（17）K Edgington and Thomas L. Erskine, *Encyclopedia of Sports Films*（Lanham: The Scarecrow Press, 2011）, vii.

（18）トーマス・カーター監督『コーチ・カーター』（*Coach Carter* 2005）も、サミュエル・L・ジャクソン（Samuel L. Jackson）演ずる、高校バスケットボールの「黒人」監督についての実話にもとづく作品である。ヒップホップ文化を作品の背景として、つまり、刑務所と隣り合わせの劣悪な環境で、監督は、「黒人」選手中心の弱小チームを強豪校と接戦を繰り広げるまでに成長させ、それと同時に、高校卒業後の人生を重要視し、選手たちに大学進学の道を開こうとする。ストリートのリアルと直面するヒップホップ世代の若者たちに、最も必要なものを与えようとしている。

（19）Aaron Baker, *Contesting Identities: Sports in American Film*（Urbana and Springfield: University of Illinois Press, 2003）, p.147.

（20）Michael O'Sullivan, "Ham-Fisted 'Titans'"（29, September 2000）, 30 May, 2014
〈http://www.washingtonpost.com/wp-srv/entertainment/movies/reviews/rememberthetitansosullivan.htm〉.

（21）Stephen Hunter, "Fumbled Opportunity: 'Remember the Titans' Falls Short of Reality"（29, September 2000）, 30 May, 2014
〈http://www.washingtonpost.com/wp-srv/entertainment/movies/reviews/rememberthetitanshunter.htm〉.

（22）映画、ゲーム、テレビ番組、音楽の、批評家および一般の人びとによる評価とレヴューの集積サイト、メタクリティック（http://www.metacritic.com/）では、二〇一四年五月三〇日時点で、一〇〇ポイント中、『タイタンズを忘れない』四八ポイント、『プライド』七〇ポイント、『しあわせの隠れ場所』五三ポイントとなっている。

（23）川島　前掲書（11）、一九四頁。「黒人」がプロスポーツ選手を目指す弊害として、学業不振を挙げ、勉強や時間厳守は「白人」ぶっているとみなされることもあるという。スポーツへの執着が「黒人」の青少年たちを将来性のない袋小路に追い込んでいるとしている。

（24）Chris McGreal, "Obama urges black Americans to aim for higher goals"（17 July 2009）, 30 May, 2014
〈http://www.theguardian.com/world/2009/jul/17/obama-naacp-african-american-speech〉.
人種主義の破壊的な遺産によって、望みが低く、運命論に囚われたアフリカ系アメリカ人を解放しなければならないとしたうえで、「彼らは自分たちには素晴らしいジャンプシュートやフロウ（ラップでの歌い回し）があると思うかもしれない。けれども、我々の子供たちみんながレブロンやリル・ウェインを目指すことはできないのです。私は彼らに、科学者やエンジニア、医者や教師を目指してもらいたい。ボーラーやラッパーではありません。最高裁判所判事、アメリカ合衆国大統領を目指してもらいたいのです」と述べた。

（25）Michael O'Sullivan, "Thornton Scores a Touchdown"（8, October 2004）, 30 May, 2014 〈http://www.washingtonpost.com/wp-dyn/articles/A14608-2004Oct7.html〉.

(26) A. O. Scott, "Glory Days on the Gridiron: Young Manhood, Texas Style"（8, October 2004）.

(27) トム・ウルフ『成りあがり者（下）』古賀林幸訳（文藝春秋、二〇〇〇年）二〇頁。

(28) トム・ウルフ『成りあがり者（上）』古賀林幸訳（文藝春秋、二〇〇〇年）五四頁。

(29) Seán Crosson, *Sport and Film*（New York: Routledge, 2013）, p.84.

(30) Kymo Docket, *The Post Hip-Hop Generation: 20 Principles for a Successful Generation*（San Diego: Aventine Press, 2009）, pp.9, 99.

(31) A. O. Scott, "Steamrolling Over Life's Obstacles with Family as Cheerleaders"（19, November 2009）, 30 May, 2014 〈http://www.nytimes.com/2009/11/20/movies/20blindside.html?ref=movies&_r=0〉.

第五章

近代衛生知・比較・広報
――ノースカロライナ州公衆衛生局長ワトソン・ランキンと二〇世紀初頭の非都市部公衆衛生行政

はじめに

公衆衛生は都市問題であるというのは言い過ぎかもしれない。しかし歴史を振り返れば、公衆衛生対策は都市という環境によって特徴づけられてきた。ペストや天然痘、麻疹などの急性感染症は、個人の宿命であると同時に都市の集団現象としてイメージされてきた。黄熱病やコレラなど定期的に外から持ち込まれる伝染病は、港湾都市に大きな被害をもたらしたのみならず、外国人や船員に対する警戒感を高めた。一九世紀の半ばまで、都市の防衛のために採用された公衆衛生対策として一般的だったのは、急性感染症患者とその家族の隔離、そして貿易船の湾内での長期係留だった。

沿岸部、内陸部を問わず、人口が集中していることで発生する問題は多々ある。健康被害をもたらすとされた臭気（ミアズマ）はその一つである。人びとの生活や生産活動に伴い発生するゴミの始末は、都市部においては深刻である。生ゴミにせよ、屎尿にせよ、動物の死体にせよ、非都市部のように簡単に自然に返すわけにはいかない。だが、臭気を発する物質を個人の敷地内に放置しておくことは、周辺の都市住民の健康と安全に大きな脅威となる。したがって、ゴミの収集や屎尿の始末のシステム構築、家畜の死体の放置禁止などの都市条例が、一九世紀のはじめから整備されていくこととなる。

都市の公衆衛生対策は、近代化が進行するにしたがって、より広範囲、かつ複雑になっていく。繊維・紡績業の盛んな都市では呼吸器系の疾患がクローズアップされ、重工業都市では重金属中毒やアレルギーなどの新しい病が発生する。このようにそれぞれの産業に特徴的な病だけでなく、結核や性病、腸チフスのような一般的な病も拡大する。都市を機能させるために、また都市の産業を振興するために、住民の健康を保全することは公共的利益となる。それは都市の医療専門家だけでなく、税によって都市政治を支えるミドルクラス住民にも共有される認識となる。健康が個人の責任であることには変わりはなかったが、それと重ねる形で公的な規制監督を強化しようとする動きが、都市では一九世紀半ばすぎから始まっていた。

非都市部は公衆衛生対策を必要とする環境にはなかったのだろうか。都市と比較すれば、集団現象としてのインパクトは小さかった。人口が密集していないために、感染症の拡大ペースは遅かった。工業地帯に頻発する病は農村部ではほとんど認識されず、ゴミの始末の苦労も小さい。一方で、非都市部には非都市部の問題が存在した。二〇世紀初頭の都会人がイメージした、清浄な空気と水、きらめく太陽、風わたる緑の農場には、単調な食事を原因とする栄養不良や、口や皮膚から進入する寄生虫感染症が存在し、人びとの健康に影を落としていたのみならず、場合によってはそれが病であると認識することさえ拒否された。非都市部の問題とは、公共政策を支える地域住民が、都市部ですでに対策がはじまっている諸問題を、健康上の脅威として認識していなかったことである。

本章では、二〇世紀初頭のアメリカ合衆国において、非都市部における公衆衛生対策がどのように拡大していったかを、南部ノースカロライナ州を中心に検討する。非都市部に注目する理由には二つある。第一に、医療・公衆衛生が二〇世紀前半の国民化を下支えしてきたという既存研究、特にヨーロッパ史分野における発見を、アメリカ合衆国の自治の文脈の中でとらえ返し、近代における医療・公衆衛生の影響についての理解を深めるためには、非都市部での公衆衛生行政の展開を見る必要があるからである。アメリカ公衆衛生史研究の大部分は都市を研究対象としている。中央集権的な医療・公衆衛生政策が存在しないアメリカ合衆国において、全米で似たような公衆衛生対策がとられるようになるには、どのような働きかけが必要だったのか。これを明らかにするためには、非都市部の状況を検討する必要がある。

第二に、非都市部の公衆衛生問題は、個人と国家――アメリカ合衆国の場合は州であるが――との相互浸透性、すなわち国家を支えるとともに国家に支えられる個人を創出する役割を果たしたことを示す一例となり得る。近代福祉国家の発展拡張を論じるにあたり、公的扶助と福祉政策が国家と個人を結びつける制度として注目される。時に大きな批判と後退に直面する公的扶助や福祉政策と異なり、公衆衛生は住民の緩やかな支持を獲得し、個人の生活や生命への介入を強化し続けている。このプロセスは着実に進行しているが、ワクチン禍などメディアに大きく取り上げられるような問題が発生しない限り、ほとんど議論されることはない。現段階ではなぜそうなりえたのかという質問に答えることはできないが、国家と個人との結びつきの構造という大きな問題に取り組むにあたり、この小論をその足がかりとしたい。

このような問題意識を持つにいたった背景として、まずはアメリカ合衆国の医療史・公衆衛生史に関するこれまでの研究を振り返る。

1　研究史の展望

先行研究の整理

医療史・公衆衛生史の記述は一九七〇年代を境として大きく変化する。一九六〇年代頃までは、政治史など他の歴史分野の一部分を占めるものにすぎなかった。それまでの医療史・公衆衛生史研究は、大まかに二つに分けることができる。一つは最新の医学的発見が医療技術をどのように発展させたかという視点での分析である。コッホやパスツールから始まり、アメリカ合衆国のウィリアム・ウェルチやミッチェル・プラッデンなど、医学部を持つ大学や医科学研究所などの科学者、そして彼らの発見を臨床医学に応用する病院勤務医などの動向が注目された。病の原因の探索と特定、ワクチンや解毒剤、抗生物質の開発、病院の環境整備とそれに伴う看護の専門職化などがこれにあたる。医療にかかわる専門知の発展は、基本的に医療関係者や科学史研究者の基礎学問として要請され、医学部の基礎科目や自然科学研究のサブフィールドとして位置づけられていた。

医療史・公衆衛生史のもう一つの柱は、疾病コントロール方法の変遷である。黄熱病やコレラなど急性感染症の襲来と、診断・治療、コミュニティとしての危機対処などがそれである。具体的には、患者の隔離や交通運輸の検疫など伝統的な対処から、ワクチン接種の促進と抵抗、細菌学時代のより確実な診断と治療など、社会的疾病コントロールの具体的な方法論が検討されている。この型の医療史・公衆衛生史は、政治史や行政史などの一部分として存在していた(1)。

医学教育や科学史、行政学、政治史の小さなケーススタディとして脇役の位置に落ち着いていた医療史と公衆衛生史は、互いに区別することの難しい分野だった。その様相は一九七〇年代より急速に変化を見せた。疾病史、精神病史、病院史、看護史、医療政策史、公衆衛生行政史、医療保険制度史、専門職の歴史、伝統医療と代替医療史など、一言で医療史とまとめることができないほど、関心が一気に拡大、深化した。

きっかけの一つはミシェル・フーコーの生権力論だろう。政府の権力が死なせる権力から生かす権力へと転換したとする生権力論は、歴史研究者に健康な身体を保全することの意味、とりわけ政府が介入して人口を管理することの探索を促した。健康管理が個人の役割であるだけでなく、集団を規律化する目的であり同時に手段にもなっていることに、歴史研究者はあらためて目を向け始めた。当然のことや些細なことと思われていたものが再検討に付されはじめる。不潔とは何か。清潔とは何か。狂気と正気、健康と病の区別がなにをもってどのように行われ、なにをもたらしたのか。このような分析は、政府や上位者から発される命令とは異なる規律権力の作用の検討とも重なり合い、医療史・公衆衛生史のカバー範囲と読者層を一気に拡大することとなった[2]。

専門家権力を再検討する社会学と、そこから導かれた現実の医療制度の見直しからも、大きな刺激がもたらされた。たとえばタルコット・パーソンズは各種の役割分析による医師－患者関係の構造理解を提示した[3]。医療社会学に関する一連の論文を通じてパーソンズが問いかけた医療に関する知のありかたは、患者による医療上の意思決定やインフォームド・コンセントの制度化といった一九七〇年代の医療思想革命へとつながる重要な課題だった。またイヴァン・イリッチは医療が作り出す病を批判し、拡大を続ける医療に依存しすぎる現状を批判した[4]。医学的発見や医療技術の発展に負の側面があることの理論的な考察は、不妊治療やクローン技術など、その後急速に発展した生命技術に関して批判的な視点を提供していく。

このような医療のありかたに対する関心の高まりは、医療史・公衆衛生史の分析視角を複雑化していく。イギリス医療史分野でロイ・ポーターらが、それまでの医師および医療技術中心の分析から、患者へ、そして患者と医師との相互作用へと分析の視点を移した。西洋史全般においても医療サービスを受ける側への、あるいはホメオパシーなど正統性を否定された民間医療への関心が高まる。アメリカ合衆国の医療史・公衆衛生史においても、権利革命の時代を経てマルチカルチュラリズムが学問の世界に根づいた一九八〇年代以降、人種・エスニシティ、そして少し遅れてジェンダーが、分析枠組を規定していく。患者とは誰か、誰が治療をうけ誰が無視されるのか、その根拠は何か、無視された者はどのように対処していったのか。これらの問いによって、ある病気が特定のエスニシティと、たとえば結核とユダヤ人、回虫症とアジア人などが結びつけられ、場合によっては移民コントロールへと展開していったことが、再発見されたのである(5)。

ただしアメリカ合衆国の医療史・公衆衛生史研究は主に、都市史の一つのヴァリエーションとして描かれていることに留意したい。たとえばニューヨーク市衛生行政の変化と発展を追ったジョン・ダフィ、同じくニューヨーク市を中心にミドルクラスと医療専門家の確執と協力を掘り下げたデイヴィッド・ロズナー、大都市に集住する移民が本国から持ち込んだとされた疾病の社会的文化的影響を論じたアラン・クラウト、ロサンゼルスの公衆衛生行政に人種秩序が大きな影響を及ぼしていたとするナタリア・モリーナなどが代表的である。対象都市の個性や独特の環境を、移民やジェンダーに注目しつつあぶりだす手法は、都市史研究に豊かな果実を実らせている(6)。

対照的にヨーロッパ史分野では、福祉国家の一翼を担う制度としての医療、もしくは身体の規律化や病の予防を通した国民化という視点での研究が積み重ねられていく。アジア史では植民地統治と医療の複雑な関係を読み解く研究が、そしてラテンアメリカ史の分野では、直接の植民地化とは異なる帝国医療の一つの型としての医療政策史が、次々に世に問われてきた。科学の発見がもたらした輝かしい成果を紹介する歴史が後退する一方、国民を国家に結びつけ、また柔らかな支配を浸透させる道具としての医療の役割が強調されている。現在、日本における研究は、対象とする国や地域は異なっても、この視点からの分析が大勢を占める(7)。

それでは都市史として発展したアメリカ合衆国の医療史・公衆衛生史を、国民化論と接合することは、可能だろうか。そこに意味はあるのか。

国民化論と都市論

二〇世紀に入るまで公衆衛生は、都市問題として理解されてきた。医療にしても同様の傾向がある。医学部をもつ大学や規模の大きな病院は都市に存在する。優秀な若い研究者が職を求める時、設備の整った研究資金の潤沢な研究所は都市に存在する。二〇世紀初頭まで世界各地で猛威を振るった急性感染症が襲来するのは港湾都市である。港湾都市には移民が集住し、スラムを形成する。医療をめぐる専門知であれ、患者と医者の相互作用であれ、また人種やエスニシティの問題であれ、アメリカ合衆国においては都市を背景に据えることが前提とされてきた。医療史や公衆衛生史の関心が、都市に特徴的なものに向かっている一方で、国家には向かわないのである。

都市が工業化時代の健康問題をクローズアップし、そこから政府の対応が拡大するようになったのは、アメリカ合衆国だけではない。工業化の先頭を行くイギリスから、後発のドイツ、アジアの日本など、二〇世紀への転換期までに工業化を軌道に乗せた国々では等しく見られた現象である。都市貧困地区における病気の蔓延は、貧困救済のあり方をめぐる議論をより複雑にした。長時間労働が労働者の健康に及ぼす影響については、社会改良家は言うにおよばず、生産性と効率の向上を求める経営者にとっても無視できない問題として浮上した。労働が子供の発達に及ぼしうる影響は、将来の「国民」の成長に懸念を与えるものだった。工業化の進展と都市の拡大が、さまざまな問題を引き起こし、住民はその意味を問い解釈を試みると同時に、早急な解決を要請することとなる。医療と公衆衛生は大きな注目点の一つだった。

このような共通点がある一方で、各国には独自の要素が存在する。アメリカ合衆国の場合は分権的な政治制度である。福祉と医療を総合し、集権的なシステムをつくりあげたイギリスとは異なり、アメリカ合衆国では中央（連邦）

政府が医療・公衆衛生を統括する権限は、検疫や海軍病院、軍隊衛生などごく一部の範囲に限られる。自治が制度化されているなかで、医療と公衆衛生は、大きな権限をもつが腰の重い州政府ではなく、脅威が身近に存在し、比較的小回りのきく都市政府が担当することになる。ゆえに制度として結実する公衆衛生行政は、俯瞰して見れば、その地域の実情に応じたモザイク状になるはずであり、「国民」を作り上げる機能は果たさない。

これに対し国家が介入するどのような問題であれ、当初は局地的であり、国民の一部に影響するにすぎないという指摘がなされるかもしれない。たとえばイギリスやドイツ、日本などの医療史・公衆衛生史を制度の変遷から見るとき、都市の危機が国家による全国的な対応によって抑制されていくプロセスが描かれる。コレラ患者の隔離や、チフス、赤痢の対策などを都市史の一部として記述していても、その背後には国家による監督と予算措置が発生することが予見される。

アメリカ合衆国の場合は国家による後の介入を前提として医療史・公衆衛生史を記述することはできない。西欧史や日本史に描かれる医療による「国民化」、すなわち国家による人口と生の管理は、アメリカ合衆国では出現しなかった。生の管理がもっとも進展したはずの二〇世紀前半、医療関係者や公衆衛生専門家の団体が提言を繰り返しても、他国の公衆衛生行政や医療のありかたを調査研究した市民団体が声を上げても、連邦政府主導の医療・公衆衛生政策による「国民化」が制度化されることはなかった。連邦政府が全国的に、また全国民を対象に行う医療と衛生の政策は、国境における検疫と、州境を越えて移動する食品や薬品の品質基準設定、軍隊衛生の管理などに限られたのである(8)。

それではなぜアメリカ合衆国において、比較的厳しいワクチン接種義務が課され、人口動態統計調査が行われ、上下水道の管理基準が設定され、感染症発生状況の情報収集と報告および注意報発令が出されるようになったのか。精神遅滞者と見なされた者の断種が実施されたのか。住民として最低限共有すべきと考えられている公衆衛生政策についてすべての州と地域で同様の政策がとられていることに加え、そのことについて住民が大きな不満もなく受け入れ、公的資金もしくは最低限の個人負担でサービスを得ることを当然視する状況が作られたのか。

これらの公衆衛生政策は、都市においては紆余曲折を経ながらも比較的早い時期に制度化した。それを可能にしたのは、近代教育を受けた専門家の情報ネットワーク、専門家の持つ知識や情報をわかりやすい形で住民に拡散するテクノロジーと制度、そして他都市・他地域との比較という視座の存在だった。それでは非都市部にはどのようにこのネットワークやテクノロジーが導入されたのか。

以下において、綿花とタバコの栽培および繊維工場を中心的な産業とする南部ノースカロライナ州で、公衆衛生行政がどのように立ち上がったかを検討する。[9] その際、専門家がもたらす新しい知識がどのような経路をたどって非都市住民に浸透したかについて注目する。

2 地元医の活動と限界——初期ノースカロライナ州公衆衛生行政

州公衆衛生局の設置

ノースカロライナ州における公衆衛生行政への取り組みは、東部大都市と比較すればかなり遅れをとっていた。だが、他の北部の非都市部に比べると目立って遅れていたわけではない。一九世紀に公衆衛生行政を立ち上げ、維持し続けた非都市部は、むしろ珍しかった。

南部で集団的な疾病対策が意識されはじめたのは南北戦争時、軍隊の移動に伴って天然痘などの病気が拡まったことだった。続いて再建期に奴隷から解放された黒人が小都市に移住し、さまざまな感染症を発症したことも、もう一つのきっかけだった。[10] ノースカロライナ州では一八七〇年代から医師たちが散発的に公衆衛生局の設置を提案するようになるが、再建期の州政治の注目は工業化の振興と人種秩序の再構成に集中し、疾病対策や水質管理、建物衛生などは無視された。この状況を懸念した南軍退役医師のトーマス・F・ウッドは、地元ウィルミントンの医師たちに呼びかけ、州の医師会に組織的な行動をとるよう進言した。一八七二年の公衆衛生局設置の建言は州議会で否決されたものの、ウッドをはじめとする各地の医師や医師会の粘り強い説得により、一八七七年にノースカロライナ州公衆衛生局が設置された。

州議会が公衆衛生局の意義をどれほど理解していたかはわからない。医師会が公衆衛生局に求めていた活動、すなわち人口動態統計調査、刑務所や孤児院など公共建築物の定期的衛生調査、水質検査、住民広報、そしてこれらを担うフルタイムの公衆衛生官のためには、最低でも年間二〇〇〇ドルの予算が必要と見積もられていた。しかし公衆衛生局に割り当てられた初年度予算はわずか一〇〇ドルに留まり、印刷・郵送費でほぼ使い切った。事実、初代公衆衛生局長となったウッド医師は、諸費用を個人的に負担している状況だった。最初の正式な報告書となる一八八〇年の『隔年報告書一八七九／一八八〇』においても、一八七九年の予算二〇〇ドルに対して支出が四六九ドルとなっている。設置二年目にして予算を倍増させたことに議会は胸を張っているが、公衆衛生局の関係者にとっては必要を満たすにはほど遠い状態だった(11)。

公衆衛生予算の増額は、公衆衛生局関係者および公衆衛生局の設置を求めた医師たちの強い希望だった。ウッド公衆衛生局長は、中でも人口動態統計調査の重要性を強調した。州内のどこでどのような病気がどれだけ発生しているのか、誰がどれだけ死亡しているのか。その情報なくしては集団的な対策を立てることは難しい。また効果的な住民広報のためにも、住民が罹患しやすい病気や衛生環境の情報が不可欠である。だが、すべての地元医師が情報を提供するわけではない。報告の手間を煩わしいと感じる医師も、患者の死亡を自らの不名誉と感じる医師も存在する。彼らの意識を変化させるような広報活動を行う財政的余裕は、公衆衛生局にはなかった(12)。その他にも、水質検査と水質改善のための提言、ワクチン接種の勧奨、一八八〇年にミシシッピ川流域を襲った黄熱病を受けて提案された州検疫制度など、さまざまな対策が考慮されては、予算不足により先延ばしにされた。

とはいえ、細々ながらも州公衆衛生局を維持し続けたことはノースカロライナ州の強みでもある。たとえばアーカンソー州では一八八一年に公衆衛生局を立ち上げたものの、それを維持できず、まもなく消滅した。アーカンソー州が再び公衆衛生局を設置したのは一九一三年だった。ルイジアナ州でも港湾都市ニューオリンズ以外での公衆衛生活動は長らく停滞していた。

ノースカロライナ州の公衆衛生局予算は一八八五年にそれまでの二〇〇ドルから二〇〇〇ドルに増額された。これは州医師会の継続的な要望の結果である。この頃、それまで不十分だった死亡統計がかなり改善され、主要な都市および町が記録を残すようになった[13]。記録と統計の重要性が一般に浸透してきたことは、同時に一般の人びとが比較の視座を得たことを示す。ノースカロライナに多い病気は何か、平均寿命はどのくらいか、乳児死亡率は他州と比較して高いのか低いのか。一部の医師が主張してきた衛生対策や住民広報は、少しずつではあるが一般の支持を得はじめた。

一八九〇年代から一九〇〇年代の公衆衛生局は、二代目局長のリチャード・H・ルイスの方針をうけ、議会と住民の啓蒙に力点を置くとともに、情報提供のための基礎的なデータ収集に努めた。地域住民にわかりやすく編集されたパンフレットやチラシの作成、子供を感染症から守るための学校衛生と親への指導、地域の医療関係者への講演活動、そして一九〇五年には州衛生検査所の稼働を開始した[14]。

これらの啓蒙活動にもかかわらず、ノースカロライナ州住民の衛生理解がどこまで進んだかは疑問が残る。ノースカロライナ州で義務教育が導入されたのは一九〇七年である。当時の南部では、白人住民の一一パーセント、黒人住民の四八パーセントは読み書きができなかった[15]。たとえ読み書きができても、パンフレットやチラシの内容をどこまで理解できるかは不明である。一九一二年にノースカロライナ州西部のラザフォード・カウンティ山岳地帯で医師をしていたベンジャミン・ウォッシュバーンは、その回顧録で、薬の飲み方を記したメモを患者に渡したところ、その内容が複雑だったため、家族の中で文字の読める唯一の者に指示が任されたあげく、彼が悲鳴をあげたエピソードを紹介している(16)。一九〇〇年代までの啓蒙活動は、地域住民向けに行われたことは確かだが、病のリスクに直面する人びとではなく、むしろ医師や看護婦、医学や公衆衛生に興味を持つミドルクラス市民、そして各州の比較に関心を持つ政治関係者に、近代公衆衛生行政を支持するための下地を作ったと言えるだろう。

公衆衛生局の充実化

啓蒙を中心とした公衆衛生局の活動は、一九〇九年のワトソン・S・ランキンの局長就任とともに大きな転機を迎えた。ランキンはメリーランド大学で医学博士号を取得した後、ジョンズ・ホプキンス大学で研究員となり、それからメリーランド大学病院で臨床経験を積んだ後、ノースカロライナ州のウェイク・フォレスト大学医学部教授に就任した。就任後わずか三年で学部長に選出されるなど、医師としてはもとより、行政官としても高い資質を備えていたことがうかがえる(17)。

前任のルイスが整えた下地――局長を専任とすること、人口一〇〇〇〇人以上の自治体の人口動態統計調査を義務づけたこと、上水供給に関わる監督権限を備えたこと、結核療養所を設置したこと、何よりも予算を倍増させたこと――の上に、ランキンは近代公衆衛生行政のシステムを築き上げた。彼は公衆衛生に関する教育啓蒙と並んで、疾病コントロールの視点からは穴の多い公衆衛生関連法を整備すること、制定した法を確実に執行すること、そのためのスタッフを訓練することに尽力した(18)。

さらにランキンは、カウンティやタウンの独自の公衆衛生活動を奨励しつつ、州として統一的・集権的でなければならないと彼が考える部分については、強い指導力を発揮した。ランキンは『隔年報告書一九〇九／一九一〇』で次のように書いている。水質管理は一つの村の利益にのみ叶うものであってはならない。なぜならその村が取水する湖は川を通して他の水系と繋がっているからだ。また人口動態統計の調査基準は統一されなければならない。そうしなければ必要な比較ができないからだ。[19] 水質管理にせよ人口動態統計調査にせよ、法律はすでに制定・施行されている。それが実行されていないのは、監督すべき人員が不足しているから、そしてその必要性を現場の人間が理解していないからだった。ランキンは時に強い口調で法の執行を迫ったという。[20] 法の執行にあたってランキンは、州司法長官と密接に連絡を取り合い、法に定められた公衆衛生局の役割を逸脱しない範囲で取り得る最も効果的な手段を探っていた。[21]

衛生という概念と実践は、一般住民にとっては個人の自由の領域に属していた。身体を洗うこと、衣服や寝具を洗濯すること、部屋の空気を入れ換えること、ほこりを溜めないこと、小川で小便をしないこと。このような現代人にとってすでに内面化されている行為が当たり前のものになるまでには、さまざまな抵抗があった。親族や共同体の住民ほぼ全員が一日に一回手を洗うかどうかという集団において、毎日入浴することを日常的な習慣にするのは難しい。清潔の心地よさといった価値は、それが集合的に浸透するまでは「公衆」衛生として意味をなさない。二〇世紀初頭の公衆衛生行政は、そのような伝統に規定されている個人の身体を、疫学や細菌学、衛生学といった新しい知識を根拠に集合的にコントロールするものだった。新しい知識が浸透しないうちは、公衆衛生の実践は、個人の自由や共同体の慣習と激しく衝突した。

ラザフォード・カウンティのウォッシュバーン医師がヴァージニア大学医学部で獲得した知識は、地元住民の間では常に「祖母の口伝」や「夢の中で聖ガブリエルに教わった薬の調合法」と比較される。昼間はウォッシュバーンの治療法に納得して咳き込む母親の寝室の風通しをよくする一方で、夜には伝統的な方法を支持する親族の反対にあって元に戻す。子供の容態が悪化するまで伝統医の指示に従い、いよいよ手がつけられなくなった時にウォッシュバーンを呼び、なにもできないまま最期を看取ることになるだけでなく、ウォッシュバーンは役に立たないのではないかという噂を流される。[22] ここにかいま見えるのは、伝統的な養生論の強さと、それと結びつく共同体単位での新しい知識への警戒感である。新しい知識を受け入れたとしても、それは後退や古い知識との融合を余儀なくされる。

これは医師にしても同様である。ルイスやランキンのような当時の最新かつ最良の医学教育を受けた医師が存在する一方で、先輩医師に弟子入りして実地で医療を学んだ者、何十年も知識や技術の更新をしていない医師、いかなる意味でも医療を学んだことのない自称医師も存在した。各地に医師会が組織され、さまざまな最新情報が共有されてはいたが、そこに参加する医師はいわゆる「近代教育」を受けたエリートたちであり、貧しい住民の多数が接触する医師ではなかった。州都ローリーに設立された黒人医師養成のためのレナード医学校を卒業した数少ない黒人医師が、白人の医師会に参加することは許されなかったのは言うまでもない。[23] 一般の人びとの公衆衛生知識を高めるためには、彼らに教育啓蒙する必要があることは確かだ。しかし公衆衛生局の職員や役員は、住民啓蒙のその前に、医師集団全体の医療・衛生知識の更新が必要だという認識を深めていった。

ランキンが公衆衛生局長に就任して以来、ノースカロライナ州公衆衛生局の活動は拡大・充実した。組織は細分化され、これまでの教育啓蒙と衛生研究所だけでなく、カウンティ公衆衛生活動の強化、鉤虫症対策、結核対策とサナトリウム、人口動態統計調査が、それぞれ課として対策を取ることになった。全体の予算は一九一〇年に二万ドルを超え、州の行政支部としてはそれなりに大きな組織となった。この組織を利用してどれだけ住民全般の健康意識を高めることができるか。そして実際に健康状態を向上させることができるか。ランキンは結果を出すことが必要だった。しかし、多様な関心を持つ住民全体の意識を変えるためにはきめ細かな対応が必要であり、それをカバーするだけの予算を確保することは難しかった。

3　外部団体の利用――ランキンとロックフェラー財団

ノースカロライナ州の公衆衛生行政官たちが直面したのは、限られた予算の中でいかに効果的に住民啓蒙を推進するかということだった。大都市には危機が存在する。移民は病とともに上陸するし、人口密集地域では悪臭コントロールは必須である。天然痘や黄熱病は周期的に襲来し、次々に住民を死線に迷わせる。しかしノースカロライナ州にはそのような意味での大都市が存在しない。シャーロットやグリーンズボロ、ローリーといった中規模都市も、人口密集の程度は低く、移民は少ない。工業化は少しずつ進んでいるものの、経済界が望むペースではない。二〇世紀初頭のノースカロライナ州は農村地帯であり、小都市が点在する州だった。大都市が公衆衛生対策を可能にしたような条件――住民による集合的な健康危機の認識――は、ここにはほとんど存在しなかった。

非都市部の自覚なき危機

ノースカロライナ州公衆衛生局が開催した役員会の議事録には、当時の局員の懸念が表れている。たとえば人口動態統計調査に関して見てみよう。調査部の責任者クリーシー・ウィルバー博士は、南部諸州において広範囲にわたる人口動態統計調査を行っているのはノースカロライナ州だけだとして、北部に劣らない制度を持っていることに胸を張った。しかし、人口動態統計調査が義務づけられているのは人口一〇〇〇人以上の自治体に限られており、決して十分ではないと続けた。さらに、他の地域との死亡率比較において、ノースカロライナ州の一〇〇〇人あたりの死亡率は一六・一であり、カリフォルニア州の一八・四、ニューヨーク州の一六・四よりは低いものの、統計を取っている州全体の平均の一五・一よりも高いことに懸念を表明した。ウィルバーは、問題は減らせるはずの病気を減らせていないこと、それは一般の住民だけでなく医師の判断ミスにも原因があることを示唆している。たとえば天然痘の予防接種が進まないこと、明らかに天然痘である症状を水疱瘡と診断する医師がいること、天然痘を検疫と隔離のみでコントロールしようとすること。これらを改善することは可能であるにもかかわらず、地方の公衆衛生担当者は懐疑的であると議事録は続く[24]。

多少なりとも公衆衛生の知識を持つ地方の担当者であっても、公衆衛生局が望むレベルの知識を持ってはいなかった。それゆえ地元の衛生管理について、十分な監督ができなかった。ロッキーマウント村とターボロ村が汚水を処理しないままター川に流し、下流のグリーンヴィル村に深刻な被害をもたらした件で、公衆衛生局は二つの村に早急に必要な手立てをとるよう勧告したが、村の自治を盾に無視された。公衆衛生局は州全体の水質管理の権限を州法により承認されているにもかかわらず、その勧告や指導がないがしろにされることは珍しいことではなかった[25]。公衆衛生の知識がさほど浸透していない一般住民やビジネス界では、問題の安易な解決が周囲を脅かしていた。サザン鉄道会社が列車内のゴミや食堂車の食べ残し、トイレの中身を、日常的にハイポイント村が使用する水源に捨てていた問題などは典型的であろう[26]。

公衆衛生専門家の危機意識が拡大していく一方で、一般の人びとが認識した集合的な健康上の危機は、せいぜい黒人の病気だった。細菌理論の詳細は理解しないまでも、病気によっては他人から移るものがあることは経験的に認識されていた。長らく農村地帯で小作人として働いていた黒人が、さまざまな事情で都市に移住してくると、ほぼ例外なく都市住民に馴染みの深い病気にかかる。麻疹、水疱瘡、天然痘、結核などである。長く都市に住む住民にとって、これは流入黒人がもたらす危機に見えた。とはいえ、この認識は、人種隔離政策がほぼ完成された二〇世紀初頭には、売春婦と関わる人間にとってのみ問題とされるようになる[27]。つまり、黒人売春婦と接触する白人男性というある種の特殊行為と結びつけられ、都市住民の集合的危機とは認識されなくなった。

各地の実態が明らかになるにつれ、ランキンをはじめとして近代的教育を受けた医師たちが認識する危機は、地域住民や地方自治体の衛生委員の認識といよいよ乖離していく。上水の不適切な管理を原因とする腸チフス、種痘が開発されて一世紀以上経つにもかかわらず発症数を減らせない天然痘、高い乳児死亡率と周産期死亡率。他の地域との比較によっていっそう際立つこの危機を、住民といかに共有し、より健康的なノースカロライナ州を実現するか。彼らがその方法論を模索しているときに、ロックフェラー衛生協会（Rockefeller Sanitary Commission、以下ＲＳＣ）が登場した。

ＲＳＣの専門家たちが提示したのは、州公衆衛生局がこれまで意識してこなかった問題――非都市部に好発し、死に至るほど悪化することは少ないものの、人びとの活力を大幅にそぎ落とす病――すなわち鉤虫症の対策だった。

鉤虫症対策とコミュニティ衛生活動

鉤虫症は、マラリア、ペラグラ（ナイアシン欠乏症）と並んで、「南部三大怠惰病」と言われた病の一つである。どれも深刻な貧血や栄養不良を引き起こすことで知られている。特に鉤虫症とペラグラは、農村部でも貧困層を中心に発生したため、怠惰だからこそ貧困に陥ったという責めを患者と家族に負わせることとなった。(28)

ＲＳＣは一九〇九年にロックフェラー一世の支援で立ち上がった、鉤虫症の撲滅を目標とした組織である。一九〇九年から一九一四年の五年間にわたって、南部諸州に一〇〇万ドルを投入し、鉤虫症の調査と治療、広報を行った。その責任者ウィクリフ・ローズは南部テネシー出身であり、南北戦争の敗戦と再建で北部に対し複雑な思いを抱く南部人の心情をよく理解していた。南部人は北部から問題点を指摘されることを嫌う。事実、鉤虫症やペラグラの実情を北部の科学者が指摘することは、南部の新聞などには侮辱としてとらえられた。体調不良の原因を特定し治療することについての人びとの関心は高いが、それを南部以外の専門家に指摘されたくはないという独特の心理がうかがえる。[29] ローズの選任は、RSCの「外部性」を少しでも和らげようとのロックフェラー慈善資金管理者フレデリック・ゲイツの配慮だった。

RSCは南部諸州の公衆衛生局に、領域内での鉤虫症調査と対策の許可を求め、許可を出した州に対しては対象地域の選定を依頼した。ロックフェラー一世は資金提供の際、慈善ではなく社会の持続的改善のために使うこと、そのために個人ではなく行政機関を支援することという条件を付していた。[30] 南部諸州の公衆衛生局には、極めて限られた役割しか果たしていないものや、名前だけは存在するもののほとんど機能していないものもあった。RSCが比較的早い時期にノースカロライナ州における活動に着手したのは、ノースカロライナ州公衆衛生局が機能していたため、調査活動の許可や場所の選定がスムーズに得られたこと、衛生研究所での試験などの支援を受けられたことが理由である。

ノースカロライナ州公衆衛生局のスタッフが鉤虫症についてどれだけ認識していたかは不明であるが、おそらくメンバーの多くは知らなかったのではないか。アメリカ合衆国農務省のチャールズ・スタイルズ博士は一九〇五年以降、南部各地をまわり、鉤虫症の啓発を行っていた。ノースカロライナ州にも訪れ、医師会で講演を行っている。しかし、ヴァージニア大学で医師の資格をとったばかりのウォッシュバーンが、一九一二年にラザフォードで出会った子供たちについて、彼らの皮膚病や貧血は後から考えれば鉤虫症だったと書いているところを見ると、医学部で必ず学習する病ではなかったように思える。[31] 鉤虫症は、最新の医学情報に常に触れている医師のみが認識しうる病だったのかもしれない。

南部諸州の多くはRSCの申し出に不審を感じつつも、その提供する資金については魅力を感じていた。ランキンにとっても同様だっただろうが、彼は「ロックフェラーの意図」を疑うことよりもまず、RSCの活動からさまざまな方法論を獲得し、同時にRSCの資金と人脈を利用してノースカロライナ州の公衆衛生行政を充実させることに専心した。五年にわたるＲＳＣの活動が終了した際に、南部の多くの州では公衆衛生対策をそこで縮小した。これに対しノースカロライナ州では、ＲＳＣの後を継いだロックフェラー財団の国際衛生委員会（International Health Board、以下ＩＨＢ）に活動拠点を提供し、コミュニティ公衆衛生活動を充実させただけでなく、資金も獲得し続けた。

ランキンがノースカロライナ州公衆衛生行政で問題であると感じていた住民広報、そして医師に対する啓蒙を、ＲＳＣは現場主義的かつ視覚的な方法で行った。医師、顕微鏡技師、技師からなるチームを編成し、訪問を承認したすべての地域に派遣した。そこでチームは住民向けの衛生フェアを開催し、幻灯機やポスター、鉤虫のサンプル瓶などを駆使して鉤虫症を住民に印象づけ、個人から便の資料を提出させて顕微鏡検査を行い、鉤虫の感染が確認できた者には薬を処方した。また土壌を汚染しない型のトイレの現物を展示し、中身の処理方法とともに詳しく紹介した。チームのスタッフには、できるだけ地元の医師やエンジニアを雇用した。これは地元医師の啓発を考慮してのことだったが、実際にはＲＳＣが必要とするほどの医師を地元で確保することはできず、北部の医学校を出たばかりの若い医師も雇用された。

広報に際して印象的なのは、ＲＳＣの広報は州公衆衛生局が行ってきたようなパンフレットやチラシの配付に留まらなかったことである。非都市部の人びとにとって、ＲＳＣの訪問は非日常感あふれる娯楽だった。人びとは移動サーカスを見に行くように、鉤虫症衛生フェアを見物に行った。その派手な演出にランキンは内心、過剰なものを感じていたらしい。保守的で穏健な地元医が、かえって鉤虫症という現象を警戒するのではないかと不満をもらしていた。[32] しかしＲＳＣの展開を縮小、拒否することもできたはずのランキンが、むしろＲＳＣに積極的に場所を紹介するなどしていたところから考えるに、この不満は、常に予算不足だった州公衆衛生局長の八つ当たりだったのかもしれない。

ランキンが感じていたもう一つの不満、すなわち鉤虫症以外の病気についての対策が考慮されていないことについては、ＩＨＢのコミュニティ公衆衛生活動がそれを解消することになった。これは一つのコミュニティにＩＨＢのスタッフが一定期間駐在し、住民の健康調査や水質調査、トイレ設置の助言、蚊の対策などを包括的に行うことで、住民に地域の公衆衛生活動の重要性を認識させ、コミュニティ公衆衛生局を組織してもらうことを目指す活動だった。ＩＨＢの申し出を拒否する州が相次ぐ中で、ノースカロライナ州はこれを積極的に受け入れた(33)。

ある意味、これらはランキンの行政官としてのしたたかさが表れた件である。公衆衛生予算の大幅な増額を州議会に説得できない中で、彼はＩＨＢを利用して、カウンティレベルでの公衆衛生局の充実化を実現した。ランキンの構想では、カウンティ公衆衛生局はノースカロライナ州民の半数近くの健康状態を把握する存在になるはずだった。カウンティ公衆衛生局は州公衆衛生局とは異なり、カウンティの住民の税金によって支えられる。つまり州議会による予算措置を考慮する必要がない。しかしカウンティ公衆衛生局を立ち上げるのに必要な住民の説得には、州公衆衛生局が関わる必要があった。その広報・説得とモデル事業という立ち上げの最も難しい部分をＩＨＢに担わせたのが、このプログラムだった。

実際、一九一五年以降、ノースカロライナ州ではカウンティ公衆衛生局が次々に組織され、一九一六年には一六のカウンティで住民の健康維持のための活動が行われるようになった。これは綿花を枯らす病ボル・ウィーヴィル被害の直撃を受け、経済的に大きな打撃を受けたノースカロライナ州農村部にしては、思いも寄らない成果だったと言える。もっともランキンはカウンティ公衆衛生局が設立されるペースがあまりにも速いことに懸念を示し、住民は公衆衛生局が何なのかを理解しないまま流行に乗っているだけなのではないかとＩＨＢの副責任者ジョン・フェレルに書き送っている(34)。

カウンティ公衆衛生局以外にも、ロックフェラー財団が関わったことによって大きく前進した分野があった。ノースカロライナ州ではそれまで十分な広報が行われていなかった集団である黒人住民への啓蒙活動である。

人種隔離政策と黒人コミュニティの衛生

黒人の健康状態が良くないこと、死亡率が白人のそれよりも高いことは、公衆衛生専門家の間では広く知られていた。ノースカロライナ州公衆衛生局は、黒人住民に対する衛生活動や広報活動を無視していたわけではない。しかし積極的に行っていたわけでもない。人種隔離政策が広範囲で実施され、白人と黒人の活動圏が明確に区別されてきた中で、黒人住民への広報を充実させることは政治的に困難だった。一方、白人の家庭や農場に雇用される黒人が多数存在することを考えると、黒人の病気が白人にも移るリスクを放置することもできなかった。[35] 多くの場合、黒人への広報は、公立学校を通して行われた。子供たちは衛生教育を受け、目や歯の検査が実施されることもあった。もっとも、学校に通う子供の数は、州の全人口の三分の一に達する黒人住民に比せばごくわずかであり、その親への情報伝達も限界があった。[36] さらに突っ込んだ広報を行うには、白人の庇護と善意によって黒人へ情報を賜るという形をとる必要があった。南北戦争と再建期に混乱した人種秩序をようやく立て直したノースカロライナ州において、黒人への公衆衛生情報伝達は神経を使う事項だった。

人種間関係に敏感でなければならない州公衆衛生局や地元医師団体とは対照的に、外からの団体はその微妙なバランスをそれほど考慮しない。アメリカ合衆国農務省の研究員でRSCとも連携しているチャールズ・スタイルズは、黒人コミュニティにも積極的に出かけている。一九一一年の夏にはウィルミントンにおいて、複数の黒人教会で講演を行い、鉤虫症と土壌汚染の関係を説明し、適切なトイレの設置や衛生対策を呼びかけた。黒人住民の反応は素早く、鉤虫症だけでなく公衆衛生政策全般の情報を求めるようになった。スタイルズは黒人住民の理解のはやさや熱心さ、そして自発的広報への意欲に感銘を受けている。[37]

ＲＳＣはスタイルズの要請を受けて、黒人コミュニティに衛生チームを派遣した。黒人住民に対する包括的な調査だけでなく、治療薬の配付と衛生改善のための助言も行われた。病院に足を踏み入れるどころか、医者にかかることさえ稀であった黒人住民にとっては、ＲＳＣの衛生チームの活動は驚きであった。白人医師に対する警戒――特に薬の配付に対して――を抱く者もいたはずだが、ＲＳＣの報告書にはそれについては記録されていない。ＲＳＣは人種秩序を乱すことを懸念するローズの方針で、黒人地区における活動についてはプレスリリースを行わず、また鉤虫症の調査結果を発表することもなかった。このようなローズの姿勢にスタイルズは批判的だったが、ローズは歩み寄りを見せることはなかった。南部の心情を理解するローズにとっては、黒人の公衆衛生対策は、白人のＲＳＣに対する信頼性を揺るがす可能性を否定できなかった(38)。

ＲＳＣおよび連邦政府派遣の専門家は、地元の人種秩序を考慮するがゆえに動けないでいた州公衆衛生専門家を迂回して、黒人住民への衛生広報を果たしたことは確かである。州公衆衛生局長のランキンも、黒人への教育啓蒙に関して積極的な動きは見せなかった。ただしスタイルズやＲＳＣの活動を許可したという点に、黒人住民への働きかけに対するランキンの消極的な支持を見て取ることができる。比較というものを考えるとき、ノースカロライナ州全体の衛生状況を改善し、疾病をコントロールし、人口動態統計に表れる乳児死亡率を引き下げるためには、黒人の健康管理は避けては通れないからである。

おわりに

公衆衛生を都市問題に留めてはならない。これは近代教育を受けた専門家集団であるノースカロライナ州公衆衛生担当者の信念だった。非都市部であっても衛生問題は存在する。州公衆衛生局の広報と、ロックフェラー財団の技術および支援により、ノースカロライナ州民は、一九二〇年代にはマラリアや鉤虫症、ペラグラについて理解を深めるようになった。綿花価格の下落や大恐慌の中で貧困を克服することはできなかったし、貧困に伴う病を減らすことはもっと難しかった。それでも彼らは汚染された水を原因とする病が存在すること、それは集合的な努力で克服できることを認識していった。

非都市部はそれだけでは必ずしも健康的とは言えない。人びとの健康を維持するためには、非都市部も都市と同様、継続的な衛生管理と、最新の情報を住民にわかる形に翻訳して伝える努力が必要だった。必須栄養の情報、新しいワクチンや解毒剤の紹介、病の診断。かつて使用されていた、祖母の口伝の薬草や、聖ガブリエルの命じた水薬の処方を、細菌学と疫学など、近代医学が提供する情報によって書き換える広報努力が続けられた。これらの情報のコントロールと流通は、ノースカロライナ州の場合、ワトソン・ランキンという希有な行政能力を持つ公衆衛生局長を中心に、地元医師の啓発という形で強力に推進された。ロックフェラー財団の援助さえ、ランキンにとっては利用価値のある情報と資金だった。

南部諸州は一般的に、ロックフェラー財団の介入には警戒を崩さなかった。また、公衆衛生行政を近代化する必要性の認識も小さかった。その中で、鉤虫症や、汚水を原因とするさまざまな病気の罹患率を下げたノースカロライナ州の実践は、注目に値するものとなった。比較とは、比較できるデータをそろえてはじめて意味のある物になる。ノースカロライナ州は、北部との比較によって議会と住民に州公衆衛生行政の充実を訴え、南部の他州はノースカロライナ州との比較によって自州の住民を説得した。南部他州はノースカロライナ州が獲得したほどのＩＨＢの支援を受けられなかったが、少なくともノースカロライナ州とＲＳＣ、ＩＨＢが試みたさまざまな情報伝達方法、住民啓蒙の方法は、参考にすることができた。

ランキンは一九二五年に公衆衛生局長を退き、デューク基金の役員として、今度は医師養成のために辣腕を振るうことになる。デューク大学医学部の充実化は、ランキンによってさらに進められた。彼の目標は、地元をよく知る医療スタッフに最新情報を常に供給し続け、それによって地域住民の健康状態を向上させることだった。近代公衆衛生行政を機能させる、その径路を左右するのは、専門家であり臨床家でもある医療スタッフである。ランキンのとった方法論は、「比較」を駆動力として非都市部の衛生の近代化をも強力に推し進め、アメリカ合衆国国民全体の健康状態を底上げすることになるのである。

注

（1）Bess Furman, *A Profile of the United States Public Health Service 1798–1948*（Washington D.C.: U.S. Department of Health, Education, and Welfare, 1973）.

（2）ミシェル・フーコー『安全・領土・人口　コレージュ・ド・フランス講義一九七七－一九七八年度』（筑摩書房、二〇〇七年）。中山元『フーコー　生権力と統治性』（河出出版社、二〇一〇年）。

（3）Talcott Parsons, "Illness, Therapy and the Role of the Physician: A Sociological Perspective," *American Journal of Orthopsychiatry*, 21（3）, 1951.

（4）Ivan Illich, *Medical Nemesis: The Exploitation of Health*（New York: Pantheon, 1982. 邦訳『脱医療化社会』）

（5）Dorothy Porter and Roy Porter, *Patient's Progress: Doctors and Doctoring in Eighteenth-Century England*（Stanford: Stanford University Press, 1989）; Roy Porter, *Bodies Politic: Disease, Death and Doctors in Britain 1650–1900*（London: Reaktion Books Ltd., 2001. 邦訳『身体と政治　イギリスにおける病気・死・医者　1650–1900』）; Charles E. Rosenberg, *The Care of Strangers: The Rise of America's Hospital System*（Baltimore: The Johns Hopkins University Press, 1987）; Daniel Eli Burnstein, *Next to Godliness: Confronting Dirt and Despair in Progressive Era New York City*（Urbana: University of Illinois Press, 2006）. この点、階級や地域が主たる分析対象となったイギリスとは異なっていた。アメリカ合衆国においては一九九〇年代後半以降、貧困と病の関係が問われるようになっていく。

（6）John Duffy, *A History of Public Health in New York City 1866–1966*（New York: Russell Sage Foundation, 1968）; David Rosner, *Hives of Sickness: Public Health and Epidemics in New York City*（Rutgers University Press, 1995）; Alan M. Kraut, *Silent Travelers*（Baltimore: Johns Hopkins University Press, 1994）; Natalia Molina, *Fit to be Citizens: Public Health and Race in Los Angeles, 1879–1939*（Berkeley: University of California Press, 2006）.

（7）たとえば川越修『社会国家の生成　二〇世紀社会とナチズム』（岩波書店、二〇〇四年）。福田宏『身体の国民化　多極化するチェコ社会と体操運動』（北海道大学出版会、二〇〇六年）。見市雅俊他編『疾病・開発・帝国医療　アジアにおける病気と医療の歴史学』（東京大学出版会、二〇〇一年）。

（8）一九二一年制定のシェパード・タウナー法は、連邦政府が乳幼児とその母親の健康対策を行う権限を与えた例外的な法律であるが、五年の時限立法であり、更新を果たすことはできなかった。

（9）日本においては近年、非都市部を対象とした医療、衛生の基礎研究が充実してきている。たとえば高知や青森における保健婦の活動について、木村哲也『駐在保健婦の時代　一九四二〜一九九七』（医学書院、二〇一二年）。

（10）Benjamin E. Washburn, *A History of the North Carolina State Board of Health 1877-1925*（Raleigh, NC.: North Carolina State Board of Health）, p.9.

（11）*First Biennial Report of the North Carolina Board of Health 1879-1880*（Raleigh: News and Observer, State Printers and Binders, 1881）p.23.

（12）*First Report*, p.20.

（13）*A History of the North Carolina State Board of Health*, p.18.

（14）前任者のウッドは、医師の下に弟子入りし、修行を積んだ上で開業するに至った、いわゆる叩き上げの医師だった。彼が受けた正式な医学教育は、南北戦争時に軍医としての知識を増やすべくヴァージニア大学医学部に在籍した際に受けたものだった。これに対しルイスはノースカロライナ大学を卒業後、メリーランド大学医学部で医師の資格を取得した。彼は近代的専門職教育を受けた初期の医師グループに属する。彼が公衆衛生に関する教育啓蒙に力点を置いたのは、予算の制約と同時に、伝統的な医師修行から医師となった人びとの知識の更新を考えていたのかもしれない。http://www.hsl.unc.edu/specialcollections/ncbios/lewis.cfm（二〇一四年五月三〇日取得）。

（15）Robert A. Margo, "Race and Schooling in the South: A Review of the Evidence," in *Race and Schooling in the South, 1880-1950: An EconomicHistory*（University of Chicago Press, 1990）http://www.nber.org/chapters/c8792.pdf（二〇一四年五月三〇日取得）。

（16）Benjamin Earle Washburn, *A Country Doctor in the South Mountains*（Spindale, NC: The Spindale Press, 1955）, p.26.

（17）*Dictionary of North Carolina Biography*, Vol. 5（University of North Carolina Press, 1994）, p.174.

（18）*A History of the North Carolina State Board of Health*, pp.35, 38-39.

（19）*Thirteenth Biennial Report of the North Carolina Board of Health 1909-1910*（Raleigh: Edwards and Broughton Printing Company, 1911）, p.11.

（20）William A. Link, *The Paradox of Southern Progressivism 1880-1930*（Chapel Hill: The University of North Carolina Press, 1992）, p.23.

（21）*Thirteenth Report*, pp.68-84.

（22）*A Country Doctor*, p.29, 40, 55, 66.　ここではウォッシュバーンが直面した批判や後退だけを取り上げているので、ラザフォードにおけるウォッシュバーンの経験が過酷だったかに見えるが、本の全体の論調としては、愛すべきラザフォードの人びとと若き医師ウォッシュバーンの親密な交流が中心である。

（23）レナード黒人医学校は一八八二年に設立され、四〇〇人あまりの黒人医師を養成した。しかし一九一〇年のフレクスナー報告で教育の質の低さが指摘され、継続に値しないとされたことをきっかけに、一九一八年に閉校となった。Earl H. Harley, "The forgotten history of defunct black medical schools in the 19th and 20th centuries and the impact of the Flexner Report," *Journal of the National Medical Association*, 98（9）, 2006, p.1427.

（24） *The Thirteenth Report*, pp.45–47.

（25） *The Thirteenth Report*, pp.11, 21.

（26） *The Thirteenth Report*, p.22.

（27） Robert Wickliffe Woolley, "The South's Fight for Race Purity," *Pearson's Magazine*, 23 (1), 1910, p.210.

（28） James O. Breeden, "Disease as a Factor in Southern Distinctiveness," Todd L. Savitt and James Harvey Young, *Disease and Distinctiveness in the American South* （Knoxville: The University of Tennessee Press, 1988）, pp.12–13.

（29） Breeden, 17; Alan M. Kraut, *Goldberger's War: The Life and Work of a Public Health Crusader* （New York: Hill and Wang, 2003）, pp.198–199.

（30） Raymond B. Fosdick, *The Story of the Rockefeller Foundation* （New Brunswick: Transaction Publishers, 1989, originally published in 1952）, pp.20–23.

（31） *A Country Doctor*, p.16.

（32） Link, p.155.

（33） John A. Ferrel, "Intensive Community Health Work: Its Value in the Development of Public Health Agencies," 1915, The Rockefeller Foundation, The Rockefeller Archive Center, Sleepy Hollow, New York, RG5, Series 2, Box 2, Folder 8.

（34） Watson S. Rankin to John A. Ferrell, December 21, 1916, The Rockefeller Foundation, RG5, Series 1, Box 26, Folder 297.

（35） William F. Brunner, "The Negro Health Problem in Southern Cities, " *The American Journal of Public Health*, 5 (3), p.189.

（36） Thomas P. Bailey, *Race Orthodoxy in the South and Other Aspects of the Negro Question* （New York: The Neale Publishing Company, 1914）, p.301.

（37） Charles Stiles to Surgeon-General Wyman, August 8th, 1911, Records of the Public Health Service, National Archives, College Park, Maryland, RG 90, Central File, 1897–1923, Box 118, File 1265. スタイルズは黒人間の広報に期待をかけていたが、当時の人種秩序を考えると、黒人による黒人への広報は社会的に受け入れられなかった可能性がある。注36で参照したBaileyが書いているように、新しい情報、科学的な情報は、白人から黒人へと伝達される必要があった。

（38） John Ettling, *The Germ of Laziness: Rockefeller Philanthropy and Public Health in the New South* （Cambridge: Harvard University Press, 1981）, pp.172–73.

第六章

アメリカ個人主義の変容

——伝統と近代の相克

はじめに

カリフォルニア大学の社会学者ロバート・ベラーと共同研究者の共著『心の習慣（原題 *Habits of the Heart*）』[1]は、アメリカ個人主義の考察をテーマとする。「心の習慣」は、元来、フランスの社会哲学者アレクシス・ド・トクヴィルが『アメリカのデモクラシー』の中で使用した用語である。[2]トクヴィルは、人びとの意識、文化、生活実践の総体の上に築かれる「モーレス（習俗）」という概念を「心の習慣」と表現し、アメリカ人の性格とアメリカ社会との関係性を描出した。

個人の尊厳によせる信念はアメリカ人の精神に刻印されている。個人主義は「心の習慣」として、アメリカ合衆国の歴史に貫き通されてきた価値観である。アメリカ合衆国の個人主義を紐解くことは、とりもなおさず、アメリカ人の精神風土の核心を読み解くことに等しい。

本章は、ベラーの『心の習慣』を主に参照しながら、アメリカ個人主義の形成過程と変容の歴史を論じる。個人主義がどのようにアメリカ社会に根づいたのか。さらには、急速な勢いで進行した産業化が、アメリカ個人主義をどのように変容させたのか。イギリス植民地時代から今日に至るまでのアメリカ史の一端を辿りながら、伝統精神と近代思想の狭間に立つアメリカ社会の課題を個人主義の文脈から探っていく。

1　植民地としての始動と「アメリカ神話」

アメリカ個人主義の特徴は、イギリス植民地としての始まりに密接に関連する。初期入植者たちの経験は、人類の歴史において類例のないものだった。彼らの経験は、その後のアメリカ人の心に強大な影響を与えるエトス（気風）を形成した。それは「神話」と呼ぶにふさわしい神聖さを帯びていた。

神話形成を導いた一要素は新世界の自然景観である。彼らの眼前には手つかずの自然が広がっていた。人工の手が加えられていない広大な自然は彼らの心を揺さぶった。もちろん先住民（ネイティブ・アメリカン）の存在があった。彼らの自然と一体化したライフスタイルは、新世界がそのまま「自然」であるというイメージをいっそう確たるものにした。アメリカの大地を踏みしめた移住者たちは、社会が文明に染まる前の原風景を目の当たりにしたかのような感慨を覚えた(3)。

神話形成にさらに影響を及ぼしたのは、初期入植者たちのバックグラウンドである。彼らは古いヨーロッパ社会との絆を断ち切り、大洋を越えて新世界にやってきた。旧世界において成功しなかったからこそ、新世界に夢を託す純粋な気持ちが強かった。彼らは、新世界での生活を、神に授けられた至福のセカンドチャンスとして捉えた。

これらの要素が礎となり、神話が織りなされていく。初期の移住者の多くは信仰心の厚い敬虔な人びとだ。彼らが自らを「アメリカのアダム」になぞらえるのは容易だった。アダムとは旧約聖書の「創世記」に登場する神が創造した最初の人間である。原罪によって頽廃する以前の原型的人間像であり、根本的に無垢で純粋な存在である。R・W・B・ルイスによれば、アメリカ神話は、自らの人生、および歴史を「原初」とみなすところに根源があった。[4]「アメリカのアダム」たちは、必然的に、新世界を新しい「エデン」、すなわち「楽園（garden）」に連想づけた。それまで、彼らの多くは旧世界において社会からの圧迫や迫害にさらされていた。文明が生み出す理不尽な宿命に縛られながら、理不尽を甘受することが彼らの日常だった。新世界に到達した彼らは、詩的なファンタジーの中でしか想起しえなかった夢の世界の実在を感じ取った。彼らは、「楽園」の汚れなき豊潤な自然の中に、自らの美徳と幸運の感覚を重ね合わせていた。[5]

アメリカ神話は、彼らの入植後の生活体験を通しても深められていく。もちろん新世界がそのまま「楽園」であり続けることはない。移住者たちの眼前に広がっていた豊潤な自然は、未開の「荒野（wilderness）」でもあった。開拓期のアメリカ生活は不自由が背中合わせの現実だった。テクノロジーは皆無、ないしは発展途上であり、警察、教会、病院などの中枢機関が身近に存在しないこともしばしばであった。生存のためには、いやがおうでも個人単位の行動を必要とした。[6]

未開の社会においては、「独立独行（self-reliance）」という価値が重要な意味を帯びる。他者の指令や助けを待つことなく、荒野の不自由さに敢然と立ち向かっていく人間を必要とした。アメリカ人像は、「セルフ・メイド（たたき上げ）」のイメージをにじませていく。

アメリカを「楽園」とみることも、「荒野」とみることも、ともに局所をデフォルメした詩的メタファーである。レオ・マルクスは、双方のメタファーが生み出される基盤が入植期のアメリカに備わっていたと指摘する。[7] 双方の概念が対極をなすところにアメリカ神話のユニークなアイデンティティが宿されている。

一八世紀のフランス人入植者ジャン・ド・クレヴクールは、『アメリカ人農夫の手紙』の中で、アメリカ人を「新しい原則に基づいて行動する新しい人間」[8]と定義した。昔からの偏見や風習を捨て去り、新しい生活様式、新しい生き方を獲得していくところにアメリカ人の真髄があるとする。同書には、新世界で移民たちがいかなる変貌を遂げるかが劇的なトーンで記述される。

無から有へ、下僕から主人の地位へ、専制君主に仕える農奴から、あらゆる自治の恩恵が付加された土地を持った自由民へ。まったく何という変化であろうか！　こうした変化の結果、彼はアメリカ人となるのだ！[9]

クレヴクールの記述は、人間を生まれ変わらせる土壌がアメリカに備わっていたことを示唆する。アメリカは個人の「再生」や「生まれ変わり」を遂げる場としてのイメージを醸成した。新しい、より幸福な個人に変化を遂げていくアメリカ人像がアメリカ神話に刻み込まれていく。

アメリカ神話にさらに力を及ぼしたのは、西へと果てしなく続くフロンティアの存在である。新世界には彼らが移動できる際限のない土地が備わっていた。アメリカ人は、入植後も、移動の自由という特権を駆使しながら理想郷の探索をさらに続けていく。際限なく移動が可能なスペースは、アメリカ人の信念に「進歩」という観念を根づかせた。個人を抑圧するいかなるものに対しても敢然と立ち向かい、自らの運命を切り開いていく。自由で平等な個人からなる新しい社会作りの夢はこうして継続していく。

初期の移住者たちの多くは、アメリカ社会の未来に強い信頼を寄せていた。アメリカがイギリスからの独立を勝ち得た「アメリカ革命」の主役を担った「建国の父たち（Founding Fathers）」は、アメリカ神話の申し子たちである。

ラッセル・ナイは、建国の父たちが残した言葉のいくつかを紹介している。ジョン・アダムスは、アメリカ植民地への入植を「神の摂理に基づく壮大なシーンと計らいの幕開け」と表現した。ベンジャミン・フランクリンは、アメリカ革命を「神に委託された輝かしい役割」と表現した。トマス・ジェファソンは、アメリカ建国に向けての務めを

「人類的義務の下で行動している」と表現した。[10] 彼らの言葉の端々には、アメリカ合衆国の未来への揺るぎない自信がにじみ出ている。

2　ヨーロッパ精神の継承と「アメリカ革命」

アメリカ神話がアメリカ合衆国における個人主義の形成に果たした影響は計り知れない。ただし、アメリカ個人主義は、一方で、その基盤の大半をヨーロッパ精神に依拠している。アメリカ革命の背骨になったのはヨーロッパの伝統精神だった。初期の新大陸移住者たちが受け継いだヨーロッパ精神を一言で言い表すならば、それは「個人主義」という言葉がふさわしい。

『心の習慣』は、「共和主義的伝統（civic and republican tradition）」と「聖書的伝統（biblical tradition）」を、アメリカ人が受け継いだヨーロッパ精神の二本の柱として提示する。[11]

「共和主義的伝統」は、古代ローマ共和政や古代ギリシャ都市国家に源を発する。それらの社会では、市民が等しく法の支配を受け、法の下で自由と平等が保障される。その前提として、市民は自発的に政治に参加することを求められる。自らの属する共和国において、自己の利益のみならず「市民的美徳」に動機づけられて行動することがよき市民の条件とされた。

新世界の入植者たちは、ヨーロッパの共和主義的伝統を果敢に受け継いだ。アメリカ革命の性格を決定づけたのは、建国の父たちが抱く共和主義に対する信念だった。とりわけ独立宣言の起草者であるジェファソンは、共和主義的伝統の真の継承者とされる。[12] 彼が実現を目指したのは市民の政治的平等であり、その理想は、市民的美徳が機能する共和国においてこそ実現すると信じていた。

アメリカ合衆国憲法を批准するために綴られた論文集『ザ・フェデラリスト』において、ジェイムス・マディソンは、共和主義の政治体制によってのみ、アメリカ革命の基本原則の適用が可能になると主張する。マディソンの定義によれば、共和主義とは、権力の基礎を人民に置き、有徳で有能な人民の「代表」が集まって国家を統治する政体である[13]。

一方、「聖書的伝統」は、ユダヤ教、キリスト教の宗教共同体を起源とする。それは、何世紀にもわたりヨーロッパ社会を支配し、西欧文明創出の原動力として働いてきた。人びとが純粋に倫理的、精神的生活を営むための共同体の形成に配慮を払い、物質的な関心は脇に置かれる。聖書的な「自由」は、その定義が神と個人の契約の中に明示される。すべての個人が神の前において平等とみなされる点において、聖書的伝統は個人尊重の色彩を帯びる。権威による信仰の自由の侵害は、それが集団に対してであれ個人に対してであれ、厳しい抵抗を招く可能性をはらんでいた。

アメリカ建国の屋台骨を支えた人びとの多くは、清教徒に代表されるように、旧世界の宗教的迫害を逃れてきた人びとだった。アメリカ革命は、宗教的価値と宗教的希求を精神の根底に据えた人びとによって達成された。ロバート・ニスベットは、彼らにとって、信仰の自由の確立こそがアメリカ革命の第一義であったと捉える[14]。初期の段階に多数のプロテスタントがアメリカに渡り、その後、多数のカトリック、ユダヤ人移民等がアメリカ宗教の多様性を彩った。

「法の下の平等」を骨格とする共和主義的伝統と、「神の前の平等」を骨格とする聖書的伝統のいずれもが「個人」の存在を明確に浮かび上がらせる。アメリカ革命に多大なインスピレーションを与えたのは、これらのヨーロッパ精神に根ざした「個人主義」的価値観である。アメリカ革命の新規さは、古典古代に源を発するヨーロッパ思想を土台に、アメリカ神話が覆いかぶさったところにある。ヨーロッパ的伝統とアメリカ的土壌の連動が、マディソンが述べるところの「人類史において比類のない」[15]アメリカ革命を創出したのである。

ラッセル・ナイは、ヨーロッパ社会との比較をもとに、アメリカ社会に備わっていた二つの顕著な特徴を指摘する。第一に、アメリカは革命以前に、すでに自由でリベラルな社会を形成していた。革命を遂行するに当たり、既存の権威を破壊する必要はなかった。第二に、革命以後のアメリカ社会もまた、格段に高い開放性と流動性を保持していた。[16]アメリカ人が受け継いだヨーロッパの個人主義的伝統は、非封建的なアメリカの土壌の中で、エンジンをフル回転させながら新しい歴史の展開を生み出していく。

アメリカ革命を遂行した後、建国の父たちはアメリカの土壌にふさわしい近代国家の建設に向けて動いた。一七七六年に採択された独立宣言の冒頭部にある次の一節は、アメリカ合衆国の民主主義の理念、さらに自由と平等の基本哲学を平易に表現する。

> われわれは、以下の事実を自明のことと信じる。すなわち、すべての人間は生まれながらにして平等であり、その創造主によって、生命、自由、および幸福の追求を含む不可侵の権利を与えられているということ。こうした権利を確保するために、人々の間に政府が樹立され、政府は統治される者の合意に基づいて正当な権力を得る。[17]

引用文中の「すべての人間」が意味するところは、当時、男性に限定されていた。奴隷階級は「人間」扱いすらされておらず、右記引用文は、今日の「平等」の概念と明確に異なるように映る。ただし、独立宣言起草者であるジェファソンは、原則的には奴隷制に強く反対していたとされる。[18]後のアメリカ史が証明するように、「すべての人間」の解放は、人びとの社会認識の変化に並行する漸進的なプロセスを必要とした。独立宣言に示された「平等」への力強いコミットメントが、今日の「平等」に至るための漸進的な変化を導いたという解釈も可能である。

建国の父たちは、市民的美徳を前提とする民主的な共和国が、歴史の重みに耐えていくことの困難性を十分に認知していた。アービン・クリストルによれば、建国の父たちが危惧したのは、政府がやがて「獣」と化し、人びとへの圧政や迫害を招く可能性である。[19] それゆえ、アメリカ合衆国憲法は、穏健さと運用可能性を重視するプラグマティズムの精神の上に作成された。

建国の父たちは深謀遠慮の上で、厳格な「三権分立」を原理にした大統領制というシステムを採用した。三権分立は、権力相互間の抑制と均衡、権力濫用の防止を理念とするものであるが、ロバート・ゴールドウィンによれば、建国の父たちの意図するところはそれだけではなかった。彼らが根本の原理に据えていたのは、役人たち個人が持つ野心や利己心を抑制せずに、それらをも活かしていく必要性だった。[20]

3　トクヴィルの予言と「近代的個人主義」

冒頭にも触れたトクヴィルの『アメリカのデモクラシー』の内容に踏み込みたい。一八三〇年代にアメリカ合衆国を訪問したトクヴィルは、人類史上初の近代的国家としてのアメリカ合衆国を観察し、鋭く立ち入った洞察を行った。トクヴィルによれば、アメリカ共和主義の維持を可能にする要因は、「神の摂理による偶然的状況、法制、モーレス（習俗）」の三点に還元されるとする。「神の摂理」は、先に論じたアメリカ神話の内容に重なる。ヨーロッパ人が自由に安らう権利を得るための争いを不可避としていた時代に、あたかも神がそれまで秘蔵していたかのように、無尽蔵の自然を有するアメリカ合衆国が出現した。自由と平等を守る手段として、アメリカ人は連邦形式、地域自治等の「法制」を採用した。これらも広大無辺の大陸が彼らに委ねられた偶然が作用したとトクヴィルはみる。[21]

「モーレス」は「一国民全体の道徳的、知的状態」である。「人びとが抱く様々な観念、人びとの間に行き渡る種々の意見、精神の習性を織りなす所々の思想の総体」をいう。[22] 先述したように、トクヴィルはモーレスを「心の習慣」

と表現した。アメリカ社会をつぶさに観察したトクヴィルがとりわけ注目したモーレスは宗教的気風であり、アメリカ人の政治的、個人的自由は、彼らの信仰心の強さによってのみ支えられるとみた。信仰を介さずに成り立つのはせいぜいのところ専制政治であり、共和制においては、他のいかなる政治形態よりも宗教の必要度が高いと主張する。[23]トクヴィルは、アメリカ社会に根づく共和主義的伝統や、宗教的伝統の重要性を見極めながらも、当時行き渡りつつあった「個人主義（individualism）」という理念に少なからぬ懸念を表明した。彼は、あらゆるものに自分を優先させる利己主義（egoism）と個人主義とが質的に異なることを断ったうえで、個人主義を批判的な観点から以下のように透視した。

個人主義は、慎重で平静な感情である。その感情は各々の市民に、同胞のつながりから自分を切り離し、家族や友人たちの囲いの中に自分を引きこもらせようとする。こうして、自分をとりまく小さな世界を形成する一方で、社会全般については成り行き任せにすることに何ら違和感を覚えなくなる。[24]

個人が「劇的な変化を遂げる」存在として光の側面を強調した前述のクレヴクールの見解とは対照的に、トクヴィルは、個人主義が個人を社会や共同体から容易に切り離し、自己の殻に引きこもらせる危険性を指摘している。トクヴィルが警告した個人主義の影の側面は、『心の習慣』が詳述する「近代的個人主義（modern individualism）」に重なりを持つ。ベラーは、近代的個人主義を「功利的個人主義（utilitarian individualism）」と「表現的個人主義（expressive individualism）」の二つの形態に分類する。[25]

「功利的個人主義」は、一七世紀のイギリス社会に源を発する。当時のイギリスでは、中産階級市民、とりわけ、商人や工場主たちが新たに勢力を伸ばし、貴族階級との軋轢を生みだしていた。こうした風潮において、イギリス人哲学者ジョン・ロックの哲学思想が新興ブルジョア層の権利の擁護に主導的な役割を果たした。[26]

イギリス名誉革命の翌年に当たる一六八九年に出版された『統治二論』で、ロックは、自らの労働の産物に対しての所有権を承認し、それを人間の最も根源的な権利として「自然権」に据えた。個人が自発的に第三者と契約を結び、自己の利益を最大限に確保しようとすることにより社会が存立すると説く。経済活動によって財産を築き、それをまた着実に増やしていくというあり方が是認され、それが本来的に「自然」であるとするロックの思想は、やがてアメリカ社会にも大きなインパクトを与えていく[27]。

スコットランド人経済学者アダム・スミスが体系化したレッセフェール論がアメリカ合衆国の功利的個人主義をさらに勢いづける役割を果たした。「レッセフェール」はフランス語で「自由に任せよ」の意である。スミスは、自主性に任せられた個人の活動は、自己のみならず社会全体の利益を生み出すという論を『国富論』で展開する。ちなみにこの著はアメリカ革命と同年の一七七六年の出版である。自己の利益を追い求める行為そのものが人間の自然な性向であり、むしろ利己心を最大限に活用することにより、市場はうまく調整されるとスミスは説く。かくして、「合理的経済人」の自己中心的な経済競争は是認される[28]。

自らの努力によって個人が立身出世していくこと、すなわち「セルフ・メイド」の価値をアメリカ人の心に刻印したのがベンジャミン・フランクリンだった。「時は金なり」という彼自身の名言通り、彼は、絶えず勤勉に働き、事業に成功した。ピューリタン的精神や市民的美徳の重要性を当然視しながらも、個人が自らのイニシアティブで前進していくことの意義を力説した[29]。

ここに見てきたように、西欧の近代的個人主義はまずは経済活動の領域で生まれ出た。これらの資本主義的思考は、すでにアメリカ神話に刻みこまれていた「進歩」や「独立独行」の概念と結びつくものだった。アメリカ人は、こうして、勤勉に働くという日常の行為に主要な価値を見いだすようになっていく。

もう一方の「表現的個人主義」は、功利的個人主義に対する一種の反動として生まれ出たものである。一九世紀の中頃までに、功利的個人主義がアメリカ社会に広く根を下ろしていた。経済的、職業的成功への執着が行き過ぎたことの結果として、その風潮を問題視するアメリカ人が登場する。職業的成功や物質的繁栄のみに専念する生活に対する違和感が、彼らの良心を掻き立てた。とりわけ、作家や詩人が表現的個人主義者を代表した(30)。

表現的個人主義の先駆けの一人がラルフ・W・エマソンである。エマソンは、「自己信頼（Self-Reliance）」の冒頭部分において、ロマンを帯びた新しい個人主義の概念を打ち出す。

心にしみいる情感は、そこに含まれるいかなる思想よりも価値がある。自分の思いを信じること、自分の心にある真実こそがすべての人にとっての真実だと信じること ― これこそが天分なのである(31)。

表現的個人主義は、功利的個人主義者たちの主要な関心である富の追求を意識から外し、独立した個人に宿る崇高な精神を基盤にして、自己の魂の深遠な希求を表現しようとする。あらゆる束縛や慣習に囚われることなく表現する自由を強調した。

ベラーは、ウォルト・ホイットマンを表現的個人主義の代表者とみなす。ホイットマンにとって、アメリカ人の独立精神は、究極的には、人間の尊厳を表現し、宇宙的なアイデンティティに自己を結びつけることにあった(32)。ホイットマンは「インドへの道」という詩の結びで、以下のように、自己の魂を大胆に表現する。

すべては神の海。
おおわが勇壮なる魂！
おお先へ先へと航海せよ！
おお果敢なる喜び、それでも安全だ！(33)
おお先へ、先へ、先へと航海せよ！

功利的個人主義と表現的個人主義に代表される近代的個人主義が、従来の共和主義的伝統や聖書的伝統と真っ向からぶつかりあったわけではない。個人の尊厳に対する信念が両者を橋渡しし、両者間の葛藤は、当初大きくは意識されていなかった。

功利的個人主義についていえば、富の獲得が、必ずしも経済的、職業的成功だけの観点で捉えられるわけではない。節度と倫理を持って勤労することにより、他者からの信用を獲得し、その結果として富が得られる。その富を浪費せず、隣人愛の実践として公共に還元することにも関心が向けられる(34)。

表現的個人主義についていえば、自己の奥底にある個性の表現が、必ずしも他者との関係を疎遠にするものではない。自然を神聖視し、宇宙全体と自己の融合を図る意識には、私欲を除去しようとする宗教的意識が備わっている。

ベラーは伝統的個人主義と近代的個人主義の違いを以下のように解説する。前者は、コミュニティという大きな文脈に個人を位置づけようとする。自発的に公共善に貢献する市民的美徳を鼓舞し、精神的コミュニティのまとまりに意識を向ける。一方後者は、公共善よりも自己利益や個性実現を優先する。個人に実在性を置き、社会を二次的、派生的、人工的な構成物とみなす。時代の変遷とともに、後者が前者を圧倒的な力で凌ぐようになり、両者の摩擦は避けられないものとなっていく(35)。

4　産業化の進展と「レッセフェール個人主義」

一九世紀初頭のルイジアナ購入に始まる急速な西部への拡張の時代から、南北戦争を経て第一次世界大戦にいたるまでの産業発展の期間を通して、アメリカ社会は、アメリカ全史を通じての最も急激で根本的な変化を経験した。運輸、コミュニケーション、製造における新しいテクノロジーが地域社会の多くを巨大な全国市場へと引きずりだした。

野心的な資本家が未曽有の財を築くとともに、二〇世紀初頭までには、経済で統合された社会が、新しい固有の社会組織と文化を形成していた[36]。

経済活動や経済利益に専心する個人主義は、未開の荒野を独立独行で切り開いたアメリカ開拓時代の個人主義と相通じる性質がある。デヴィッド・ポターは、前者を「レッセフェール（経済）個人主義（the economic individualism of laissez faire)」、後者を「フロンティア個人主義（frontier individualism)」と表現し、両者の共通点を以下のように見いだす。第一は強さの称賛である。弱さは侮蔑の対象となる。第二は、独立独行、すなわち自立的な行動の重視である。第三として、外側に設置されたゴールに向かう性質が指摘される[37]。

とりわけ第三は、アメリカ個人主義の留意すべき、もしくは憂慮すべき特性である。亀井俊介は、『ハックルベリー・フィンは、いま』の中で、イギリス人小説家D・H・ロレンスの「彼ら（アメリカ人）はたいてい逃げ出すために（アメリカに）やってきた[38]」という一節を引き、アメリカ人が抱く内面の不安について以下のように述べる。

考えてみると、アメリカ人くらい、自己のアイデンティティとか、自国のナショナリズムとかを気にし、口にし、筆にする国民は少ない。それらについて、彼らは一見、自信満々に語っているが、じつはそれほどに不安が大きいのであろう。そして心に不安を抱く者ほど、抽象的な大義に頼りたがる。「神」「自由」「デモクラシー」といった言葉をふりかざす時のアメリカ人に、その傾向はとくに強いように思われる[39]。

右記のアメリカ人の不安は、必ずしもマイナスにばかり働くわけではない。自己や自国について不安があるからこそ、彼らはその本質や可能性を果敢に探究する。亀井はさらに次のように指摘する。

未知なるものへの恐怖や自己の存在についての不安にさいなまれることが大きければ大きいだけ、彼らは自己の探求を熾烈に行い、親密な人間関係を実現する努力を繰り返してきた。自己を未知なるものにぶっつけ、そこに新しい世界を切り開こう

とするエネルギーのすさまじさは、他にちょっと比べるものがないだろう。(40)

一八九〇年、アメリカ国勢調査局はフロンティア・ラインの消滅を宣言した。アメリカ人にとって、歴史上、常に外側に開かれていた空間が閉ざされたことの衝撃は小さくなかった。フロンティアの存在を前提とするアメリカ神話に揺らぎが生じる。地理上のフロンティアを使い果たしたアメリカ人が、次に求めたフロンティアの領域こそが「経済」であったとポターはみる。(41)アメリカ人の「フロンティア個人主義」は、「レッセフェール個人主義」へと急速に舵を切った。テクノロジーや富が集中する「都市」という領域が新たなるフロンティアとして膨張していく。

二〇世紀に入り、産業資本主義はさらに勢いを増した。全国規模の市場が、アメリカ社会から、中小都市や地方都市の独立性を奪い取った。アメリカ人は教育、移動性、競争能力を前提とした全国規模の職業システムにますます依存度を高めていく。

職業は細分化、専門化され、組織の網の目は緊密化する。従来機能していた地方分権的で自律型の共同体が容易に切り崩されていく。こうした社会変化の作用にさらされながらも、アメリカ人の独立独行を強調するエトスは貫かれた。一方で、変化が生じたのは、独立独行を実現するためのアプローチだった。自己を大きな社会的文脈の中に位置づけるための視点と時間が奪われ、むしろ、共同体や伝統という社会的文脈から自己を解き放つことによって自己実現を図ろうとする意識が肥大化していく。

その結果、「仕事」と「余暇」という二つの外的領域が聖域化されていく。「功利的個人主義」の浸透が「仕事」という概念にきわめて重要な意味を付与した。すなわち、稼ぐことが「自立」の前提となり、その一方で「余暇」が「自己実現」の手段となる。こうして「表現的個人主義」の内実も世俗化、内向き化へと転じていく。近代的個人主義の進行とともに仕事と余暇の両世界を往来する生活が支配的になり、必然的に個人が公共的生活から遠ざかる潮流が加速する。[42]

アメリカ合衆国のコミュニティは、強大な産業資本主義の力に圧せられ翻弄させられた。アメリカ個人主義に本来的に備わっていた伝統的美徳は相対的に弱体化を余儀なくされた。市民参加の伝統や宗教に根ざす精神性は確実に浸食を受けた。

ベラーは、前述の流れを踏まえて、アメリカ個人主義の逆説を次のように分析する。急速な産業化に伴う近代的個人主義の浸透は、個人の欲求実現やその手段を合理化することに人びとの心と時間を縛りつけた。その過程で変容を受けたのは、人生の目標や目的に対する意識である。職業的成功さえもが本来的な目的性を失い、私的なライフスタイルを獲得するための道具的存在になり下がった。近代的個人主義は、他者と交わることの目的が個人的満足や自己充足に限定される多数の個人を生み出した。[43] ベラーの警告を引用する。

社会への責務を果たさぬままの人生がいかに空虚であるかを私たちは強く自覚している。しかしながら、支え合いが自立と同等に必要であるという感覚を私たちはうまく言葉にできずにいる。（中略）もし私たちが、孤立に向かう個人主義(isolating individualism) に歯止めをかける実践に取り組んでいかないならば、私たちの人生における緊張はさらに膨らんでいくだろう。[44]

アメリカ社会は、二一世紀に入り、産業資本主義の流れをさらに加速させ、人類史上未曽有の規模を有するグローバル経済の強化にいそしんでいる。経済による世界制覇をも連想させる勢い、その力強さは、一九世紀のアメリカ社会が経験したフロンティア開拓の時代をよりいっそう想起させる。アメリカ神話の帰結として育まれた「フロンティア個人主義」が、そのまま「レッセフェール個人主義」に引き継がれ、その勢力は今やグローバルの規模で膨張を続けている。

昨今のアメリカ合衆国をネガティブに形容する言葉は枚挙に暇がない。「マネー資本主義」「強欲資本主義」「貧困大国」「戦争経済」「超格差社会」等、アメリカ合衆国の正義が問題視され、富裕層と貧困層の経済的不平等は、猛烈な勢いで拡大を続けている現実がある。アメリカ神話の夢とされる「自由と平等な個人からなる社会」の建設はむしろ遠のきつつある。

だが、次の事実も忘れるべきではない。アメリカ合衆国建国の父たちは、「神の摂理」としての自覚、誇り、使命感を胸に、全人類の模範となるべく新国家を建設した。彼らが土台に据えた共和主義的伝統と聖書的伝統は脈々と受け継がれ、今日もアメリカ社会に深く根を張り、力強く脈動している。急速な近代化の流れの中で相対的な浸食を受けつつも、それらの伝統精神がアメリカ合衆国の公共生活を支えるモーレスとなっていることは今日も動かない。

一九世紀にトクヴィルが表明したアメリカ個人主義への警告、さらには、ベラーが指摘する「孤立に向かう個人主義」の問題を真摯に受け止め、アメリカ個人主義の美徳の再生に汗を流す良心に満ちたアメリカ人の数は計り知れない。アメリカ合衆国は、その基底において、変化に向けての「レジリエンス（社会を回復する力）」が機能する可能性を有している。

おわりに

最後に日本に目を転じ、アメリカ個人主義が明日の日本に与える示唆について付言したい。近年、日本では「個人主義」や「個の確立」の必要性が至る所で説かれている。以下は、二〇〇〇年に発表された「二一世紀日本の構想懇談会」の報告書にあるフレーズである。

所属する場の和を第一に考える日本人の傾向は、先進国の中では貧富の差が少なく、比較的安全性の高い国を生み出すという利点を持った。しかし、個人の能力や創造性を存分に発揮させる場としてはむしろ足かせとなってきた。グローバル化や情報化の中で多様性が基本となる二一世紀には、日本人が個を確立し、しっかりとした個性を持っていることが大前提になる。[45]

「個人」という日本語は、そもそも明治時代に西欧から輸入された翻訳語であり、まだ一〇〇年を超える歴史しか持たない。日本人はしばしば「個人主義」の真義を捉えそこなう。右記引用に示されるような、「個人」と「集団」を対立的に捉える思考は、「孤立に向かう個人主義」をそのまま招き入れる危険をはらむ。個人主義が履き違えられ、「自分さえ良ければ」という利己的な風潮が生み出されるのは必至である。

本章が論じてきたように、アメリカ合衆国の個人主義は、歴史に根ざした幾層もの厚みを持つ。自主的に公共の生活に参加することを市民の美徳とし、宗教共同体において個の尊厳を維持しようとする意識がアメリカ人の「心の習慣」に備わる。個人主義の本質は個人が共同体を尊重する意識とは切り離せないという視点を見落としてはならない。

注

（1）Bellah, R. N. et al. *Habits of the Heart: Individualism and Commitment in American Life.* New York: Harper & Row Publishers（1986）［邦訳］ロバート・ベラー他、島薗進他訳『心の習慣―アメリカ個人主義のゆくえ』（みすず書房、一九九一年）。
（2）Tocqueville, A. D. *Democracy in America*（Volume I & II）.（G. E. Bevan, Trans.）. London: Penguin Books（2003）pp.335-336.（Volume I: Original work published 1835, Volume II: Original work published 1840）.
（3）Marx. L. *The Machine in the Garden: Technology and the Pastoral Ideal in America.* New York: Galaxy Books（1994）p.36.
（4）Lewis, R. W. B. *The American Adam: Innocence, Tragedy and Tradition in the Nineteenth Century.* Chicago: University of Chicago Press（1955）p.5.
（5）Marx. *The Machine in the Garden.* p.288.

（6） Potter, D. "American Individualism in the Twentieth Century," in *Innocence and Power: Individualism in the Twentieth-Century America.* G. Mills, (Ed.). Austin: University of Texas Press（1965）p.98.

（7） Marx, *The Machine in the Garden.* p.43.

（8） Crevecoeur, J. *Letters from an American Farmer.* New York: Doubleday & Company（1963）p.49.（Original work published 1782）

（9） Crevecoeur, *Letters from an American Farmer*. p.65.（引用訳は筆者）

（10） Nye, R. B. *The Cultural Life of the New Nation.* New York: Harper & RowPublishers（1960）p.100.

（11） Bellah, et al., *Habits of the Heart.* pp.28-31.

（12） Bellah, et al., *Habits of the Heart.* p.30.

（13） Madison, J., "An Objection Drawn from the Extent of Country Answered," in *The Federalist.* Indianapolis: Hackett Publishing Company（2005）pp.69-70.（Original work written 1787）

（14） Nisbet, R. "The Social Impact on the Revolution," in *America's Continuing Revolution.* Washington D.C.: American Enterprise Institute（1973）pp.73-75.

（15） Madison, "An Objection Drawn from the Extent of Country Answered." p.73.

（16） Nye, *The Cultural Life of the New Nation.* p.101.

（17） Full text of *The Declaration of Independence*, translated in Japanese: http://aboutusa.japan.usembassy.gov/j/jusaj-majordocs-independence.html.

（18） Bellah, et al., *Habits of the Heart*. pp.35-36.

（19） Kristol, I. "The American Revolution as a Successful Revolution," in *America's Continuing Revolution*. Washington D.C.: American Enterprise Institute（1973）p.6.

（20） Goldwin, R. *Why Blacks, Women and Jews are not Mentioned in the Constitution, and Other Unorthodox Views.* Washington D.C.: American Enterprise Institute（1990）p.29.

（21） Tocqueville, *Democracy in America.* pp.323-335.

（22） Tocqueville, *Democracy in America.* pp.335-336.

（23） Tocqueville, *Democracy in America.* pp.339-344.

（24） Tocqueville, *Democracy in America.* p.587.（引用訳は筆者）

（25） Bellah, et al., *Habits of the Heart.* pp.32-35.

（26） Bellah, et al., *Habits of the Heart.* p.143.

（27）佐伯啓思『人間は進歩してきたのか―現代文明論・上』（ＰＨＰ研究所、二〇〇三年）一一七－一一九頁。

（28）同右、一八三－一八五頁。

（29）Bellah, et al. *Habits of the Heart.* pp.32-33.　同右、一八二－一八三頁。

（30）Bellah, et al, *Habits of the Heart.* p.33.

（31）Emerson, R. W. "Self-Reliance," in *Self-Reliance and Other Essays.* New York: Dover Publications（1993）p.19.（Original work published 1841).（引用訳は筆者）

（32）Bellah, et al, *Habits of the Heart.* pp.33-34.

（33）ウォルト・ホイットマン、飯野友幸訳「インドへの道」『おれにはアメリカの歌声が聴こえる－草の葉（抄）』（光文社、二〇〇七年）一〇三頁。（原著出版、一八五五年）

（34）佐伯　前掲書（27）、一八二－一八三頁。

（35）Bellah, et al. *Habits of the Heart.* pp.143, 343.

（36）Bellah, et al, *Habits of the Heart.* p.42.

（37）Potter, "American Individualism in the Twentieth Century." p.102.

（38）Lawrence. D. H. *Studies in Classic American Literature.* New York: The Viking Press（1961）p.5.（Original work published 1923)

（39）亀井俊介『ハックルベリー・フィンは、いま―アメリカ文化の夢』（講談社、一九九一年）四一頁。

（40）同右、七二頁。

（41）Potter, "American Individualism in the Twentieth Century." p.102.

（42）Bellah, et al. *Habits of the Heart.* p.83.

（43）Bellah, et al. *Habits of the Heart.* pp. 149–150, 163.

（44）Bellah, et al. *Habits of the Heart.* p.151.（引用訳、傍点は筆者）

（45）「二一世紀日本の構想懇談会報告書」全文、（二〇〇〇年）http://www.kantei.go.jp/jp/21century/.

第七章

プロダクション・コードの性／政治学《ポリティクス》

――ジェンダー、幽閉、『サンセット大通り』

はじめに

ハリウッド／アメリカ映画は、いったい何を描いてきたのだろうか。

アメリカン・ドリームを体現する国家において、ハリウッド映画はその自画像《セルフイメージ》に他ならない。自由と民主主義、そして夢の世界。スクリーンには複数の「アメリカ」が投影され、人びとの欲望を映し出す。だがその夢の世界は「検閲」制度と無縁ではなく、映画とはいわば管理された総合芸術なのだ。映画製作倫理規定《プロダクションコード》（通称ヘイズ・コード）とは、一九三四年に厳格施行され、一九六八年の撤廃とレイティング・システムへの移行まで、ハリウッドの言語・表象行為を縛る「枷」であり、不自由さの正体であった。性や暴力、人種や宗教に関する「検閲《センサーシップ》」。それはアメリカン・イメージの逆説であり、矛盾だろう。ならばその「枷」には、如何なる意味が潜むのか。我々は映画とコードの関係を再検討する必要がある。本章では、映画とジェンダー、特に男性表象を軸に、コード時代の性／政治学《ポリティクス》を議論する。

1　コードとは何か――「芸術」のリミット、グローバルな「商品」

「検閲《センサーシップ》」とは何だろうか。リア・ジェイコブズが述べているように、映画の検閲には、州や連邦政府が行う「法」に基づく検閲と、ハリウッド産業内部の「自主規制」としての検閲があり、両者を混同すべきではない。(1) ハリウッドのコードとは、あくまで自主規制であり、実際の法ではなかったのだ。それは身内のルールと思えばよいだろう。映画製作倫理規定、通称ヘイズ・コード。それは、映画製作に多大な影響を与えた「枷」でありながら、政府や宗教団体からの圧力をかわし、産業の自主性と独立性を維持するために作られたハリウッドの防波堤、調整弁であった。(2) 一九三三年から一九三四年に起こったカトリック矯風団による映画反対キャンペーンは好例だろう。映画は多様な価値観を混在させるメディアである。だからこそ、その反対キャンペーンのように、外部から干渉されるのではなく、自主規制によるエクスキューズが戦略的に必要だったのだ。(3)

コードの検閲機関は、大きく分けると二つある。「アメリカ映画製作者配給者協会」（MPPDA／Motion Picture Producers and Distributors of America、後に「アメリカ映画協会」（MPAA／Motion Picture Association of America）に改称）とその下部組織である「映画製作倫理規定管理局」（PCA／Production Code Administration）である。共和党政治家ウィル・ヘイズとカトリック系ジャーナリストのジョセフ・ブリーンが、ヘイズ・オフィス（MPPDA）とブリーン・オフィス（PCA）を統括していた点も重要だろう。非ユダヤ系人物が、ユダヤ産業である映画を統括する。産業の人種的な中立化は、組織の改革を内外に示すには好都合であった。数多の批判をかわし、新興の映画産業の利益を保持する。モラル／公序良俗ではなく組織の安定と維持こそが、コードの裏の顔であり、その利権のための身代わりの羊が「表現の自由」であった。

誤解を恐れずに言えば、ハリウッド映画のコードは、「性」と「暴力」を禁じ、「モラル」と「宗教」の表象にセンシティヴだったからこそ、グローバルな産業に成長したとも言えるだろう。管理された総合芸術とは、国際的な流通を前提としたグローバルな「商品」の別名でもあるからだ。二度の世界大戦の後で、ハリウッドの映画産業がなぜ飛躍的に発展したのかを考えてみるとよい。荒廃した欧州や第三世界に向けた輸出商品《アイテム》は、コードの「枷」があるからこそ、文化商品《コンテンツ》としての意味を成す。アメリカ的価値観やグローバルに拡大する国家戦略をソフトの面で後押ししたのが「映画」であり、コードこそがまさにその戦略の根幹でもあったのだ。(4) 芸術のリミット、あるいはグローバルな商品。このジレンマは、現在にまで続く「表現」のジレンマと同義だろう。この意味において、MPPDAが一九二二年に発足したことと、一九二〇年代から全開するアメリカ合衆国の文化拡張主義が期を一にしていた事実は、看過すべきではない。(5)「コード」は、グローバル・アメリカにおいて、必須のルールだったのだ。

政治が芸術の輪郭を定め、表現を枠に嵌める。表現の自由を標榜／保証する国家において、表現が制限される矛盾。ハリウッドは皮肉にも、このコードによって巨大産業へと変貌を遂げる。一九三〇年代半ば、スタジオとコードは双子的関係を有した。「製作・配給・上映（興行）」というハリウッドの垂直システムは、コードの厳格施行と同時期に成立し、グローバル化の兵站となる。(6) そして、コードとスタジオは、ハリウッド式フォーディズムという生産システムに連動し、紋切り型の映画の量産を促す。それはまるでT型フォードの大量生産のデジャヴだろう（マシーン・エイジのマジックと言ってもよい）。(7) 市場には、同じジャンルと同じ俳優の映画が供給され続けるからだ。ともあれ、この双子的システムが「ハリウッド／アメリカらしさ」となることは看過すべきではない。(8)

2　コードとジェンダー——コードの検証

コードの詳細に戻ろう。コードが禁じたものは、簡単に言えば、モラルに抵触するものすべてである。殺人、強盗、窃盗などの違法行為、姦通や強姦、性的倒錯や異人種混交などの性・暴力関係、下品で卑猥な事柄や言葉使いなど、その項目は多岐にわたる。とりわけ、「前文」は重要だろう。ここでは、「映画とモラル」の関係が執拗に繰り返され、コードのトーンを決定づけているからだ。少々長いが前半を引用する。


映画製作者は、全世界の人々から寄せられる信用と信頼の大きさを認識するものである。この信用と信頼があってこそ、映画は万国共通の娯楽となり得たのである。

この信用ゆえに、そしてまた娯楽と芸術が国民生活に深甚なる影響力を持つがゆえに、映画製作者は一般大衆に対する責任を痛感する。

映画は第一義的には娯楽であって、教化や宣伝のいかなる明白な目的も持たないが、映画が娯楽の範囲内で人々の精神的道徳的向上、より優れた社会生活のありかた、そして正しいものの考え方に対して直接の責任があることを、映画製作者は認めるものである。(9)


「万国共通の娯楽（→グローバルな商品）」には、映画製作者は「精神的道徳的向上（→ニュートラルな思想・表現）」が不可欠とのこと。モラルへの執着は、前文に続く「一般原則」の最初でも反復される——「一・観客の道徳水準を低下させる映画は、これを製作してはならない。それゆえ決して観客を犯罪、悪事、邪悪もしくは罪悪に対して共感させてはならない」。(10)

だが、ここで立ち止まってみると、ある奇妙な事柄が目につくだろう。「道徳」とは、誰にとっての道徳なのか。

「性」を軸に再考すると、その問いは、さらに明確になる。コードに明文化されている箇所に加え、実際の検閲を踏まえれば、それはヘテロセクシュアル（異性愛）に基づくノーマルな性規範であり、男女の固定的ジェンダーであることは疑いようがないからだ（「一般原則Ⅱ性」の項目において、「結婚」や「家庭の神聖さ」が強調されている事実も確認しよう）。同様の記載は、コード執筆者の一人であるマーティン・クウィグリーの発言にも見られる——「悪い映画の悪い影響を抑制するための正しい方法は、映画を正しく作ることである」(Quigley p.49)。「映画を正しく作る」とは、些か奇妙である。「正しさ」は立場によって異なり、万人に共通な基準などあり得ない。だが、キリスト教的な性規範やグローバル／ノーマルな性という視座から見れば、その「正しさ」の意味が透けて見える。「結婚」や「家庭」は、「正しく」なければならない。それはヘテロセクシュアルの肯定であり、「パパは何でも知っている」的な、アメリカン・マインドの別名だろう（そのイメージが、戦後日本のアメリカン・イメージだったことを思い出そう）。

ハリウッドの「枷」——それは当然、不自然な恋愛メロドラマを生み出すことになる。多様な男女関係を描きながら、「性」の前景化を許さないという矛盾。「性」の禁止は、ラディカルな描写（ヘアや性器の露出）に限らず、「肉欲的なキス、肉欲的な抱擁、挑発的な仕草」（一般原則Ⅱ—2）や「ヌードのシルエット」（一般原則Ⅳ—1）にすらも及ぶ。例えば、それは一九四〇年代における「女性映画」の隆盛に顕著だろう。「女性映画」とは、結婚や家庭生活という「ファミリー・メロドラマ」であり、ステロタイプな女性的問題（家庭生活、子供、自己犠牲、妊娠、出産など）を扱うジャンルである。銀幕で輝く女性ヒロインに同化する（女性）観客は、スクリーンを通じた「女性らしさ」の再構築を目指すだろう。それは社会が求めるジェンダー・ロールへの積極的な同化である。『君去りし後』(*Since You Went Away*, 1944) で描かれる「銃後」において、ヒロイン／妻は次のように述べる——「私はすべてを以前のままにしておくわ。過去をそのままにしておくの。帰ってきたあなたを迎える暖かい部屋のようにね」。夫の帰りを待つ妻は、バスローブを抱いて嗚咽する。彼女は夫との過去（記憶）を生き、新たな一歩を踏み出すことはない。これらの「女性映画」に加え、『カサブランカ』（*Casablanca*, 1942）や『誰が為に鐘は鳴る』（*For Whom the Bell Tolls*, 1943）などの「戦争メロドラマ」は、時代のジェンダー・ロールからの逸脱を許さない。むしろその役割の固定化に寄与し、父権の枠を強化する。[11]コードはジェンダーを規定し、「性」のリミットを定める。だが、果たしてその性のコードは、常に「正しい」表象を映し出すのだろうか。あるいはそこに、男女のロール・モデルから逸脱し、亀裂を入れる映画は存在するのだろうか。以下で考察するのは、コード時代における逸脱の「映画」である。

3　プールに浮かぶ死体――『サンセット大通り』オープニング

漆黒の闇を切り裂くヘッドライト、フロントガラスに打ちつける雨、不安定に揺れる視界。フィルム・ノワールの導入のトポスは、不穏な欲望と共にある。[12]主人公の精神のダークサイドは、暗闇となって周囲を覆う。その闇から逃れるため、あるいはあえてその迷宮に飲まれるために、彼らは車を走らせるのだ。ノワール的ドライヴは、魂の暗部に座礁した男たちの自暴自棄な迷走であり、出口のない悲劇と同義である。ニコラス・レイ『危険な場所で』（*In a Lonely Place*, 1951）やオーソン・ウェルズ『黒い罠』（*Touch of the Evil*, 1958）の迷走とは、主人公が己の過去と向き合い、その闇に呑み込まれるプロセスではなかったか。[13]

『サンセット大通り』（*Sunset Boulevard*, 1950）もまた、夜明け前のロードを車が疾駆する。だが、ステロタイプなノワール導入のトポスは、この映画のトーンを決定付けない。闇を切り裂いているのは、主人公の乗る車ではなく、パトカーなのだ。彼らの行く先には、豪邸のプールに浮かぶ死体がある。そして、この死体が「ヴォイス・オーヴァー」で語るところから、物語が開始する。当然のことながら、ヴォイス・オーヴァーとは、登場人物の「心の声」であり、それが直接観客に語られる技法を指す。

ノワールとは、人間の欲望の果てを映し出す皮肉なジャンルなのだろうか。[14]ハメットやチャンドラーの男性主人公が誘惑から距離を置き、自己抑制／節制に徹する一方、ジェイムズ・ケインの主人公は誘惑への欲望を抑えられず、その代償を自らの命で支払うことになる。『サンセット大通り』は、ケイン的な代償を全開し、その苦渋に満ちた半生を、「死体」が語ることで昇華するのだ。冒頭ショットは示唆的だろう（図1）。[15]それはまさに欲望の果ての姿。警官たちが屋敷に到着すると、男の死体が映し出される。プールというフレームのなかで、死体が揺らめく。乱反射する光は、警官の好奇の眼差しと交差し、観客の欲望と同期するだろう。ボディ・イン・ザ・プール。この印象的なショットは、物語の主題に接続し、映像の予知作用を示すキー・ショットとなる。[16]

図1　プール浮かぶ死体
『サンセット大通り』より引用

4　モンキー・オン・ザ・ベッド――幽閉とジェンダー

『サンセット大通り』のストーリーを確認しよう。それは、借金取りから逃れる途中、ある屋敷に迷い込んだ若手シナリオライター・ジョー（ウィリアム・ホールデン）が、映画界にカムバックを目論むかつての大女優ノーマ・デズモンド（グロリア・スワンソン）のつばめとなり、痴情のもつれから彼女に殺害される物語と要約できるだろう。この物語が興味深いのは、アメリカ合衆国が未曾有の繁栄を遂げた一九五〇年代、パクス・アメリカーナを茶化すように、栄華を極めたノーマの邸宅が荒れ果て、そこにヤング・アメリカ（ジョー）が幽閉される点にある。自由と民主主義の楽園ハリウッドが描く「牢獄」。繁栄するアメリカ合衆国の矛盾が、ジョーの人生に仮託されているのだ。

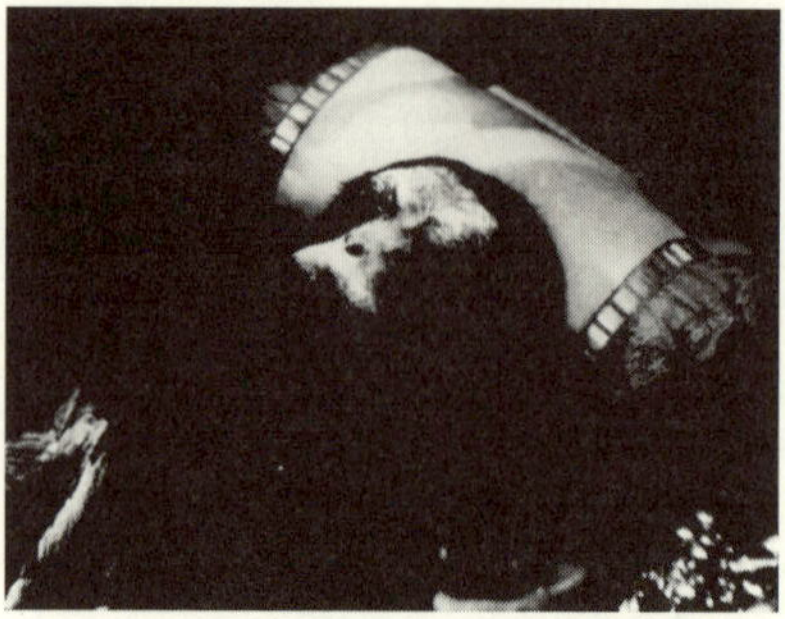

図2　猿の死体
『サンセット大通り』より引用

　プールに浮かぶ死体。それは、映画の継起性に連動し、差異を伴いながら反復する。ショット（と欲望）は、リニアに転移し、映画に点在する。重要なのは、回想シーンが始まり、ジョーが最初に目撃するのが他ならぬ「死」であることだろう。屋敷に入った彼は、猿の死体を見る（図2）。それは、ノーマの玩具のなれの果て。刹那、プール／フレームの死体（ジョー）は、ベッドの中の死体（猿）へと転移する。揺れる水面は波打つシーツに、水に漂う背広は着飾った猿の衣装へと、「プール」ショットが繰り返されるのだ。別の言い方をすれば、ここにおいて、彼は自身の死をメタフォリカルに目撃するわけだ。猿の死体とは、ラストシーンで死体となる彼自身を予告し、その運命を観客の脳裏に刻む。そして、さらに言えば、その死《デス》は、もう一つの「死《エクスタシー》」に転移する。監督ビリー・ワイルダーがスワンソンに語ったエピソードを紹介しよう――「グロリア、ノーマは猿とファックしていたんだよ」[17]。葬儀屋と間違われ、死を目撃したジョーは、複数の「死」を引き受ける。それは、女が男を食らうという、パクス・アメリカーナの逆説だろう[18]。

　では、テクストの細部を見ていこう。牢獄としての邸宅／屋敷は、ノーマのいわば身体であり、執事マックスの存在がその身体の延命を図っている。ジョーは幽閉された獲物であり、ゆえに彼がフレーミングされるショットは多い。ノーマとジョー。両者の関係は、狩る者と狩られる者であり、このハンティング・メタファーは、セクシュアルなメタファーをも代理する。

　印象的なシーンを見よう。蜘蛛の巣模様のフロアで、ノーマとジョーは踊る（図3）。このショットに、手とタバコのショットが緩やかに重なり、ディゾルヴする（図4）。ノーマは、タバコを針金で固定し、それを指に嵌める。刹那、彼女はそのタバコを恍惚の表情で吸い始める（図5）。ジョーはそのシーンに対し、「オフ」の声で、このタバコは自分と同じだと語り出す（「オフ」の声とは、音源が画面内に不在の声である。だが、ノーマを見ているのはジョーであり、姿が映らないだけで、彼がその空間にいることを踏まえれば、ヴォイス・オーヴァーと言うことも可能だろう）。蜘蛛の巣／フレームに絡め取られた獲物。それは針金で固定され、彼女に食される。それらのショットが示唆するのは、支配、拘束、軟禁、そして性交のレトリックだろう。プール、フロア、タバコ吸いへと転移するフレームは、彼の嫌悪感を誘発するに余りある。逃げ場なしの幽閉表象は、（ドアノブを外された）開かないドアにも見て取れる。ジョーの視線を遮るドアの向こうには、ノーマの部屋があるだけであり、ドアノブのすき間から漏れる光は、希望の光ではない。誰かがドアを開けてくれるまで、彼はベッドの上で待つしかないのだ。マン・オン・ザ・ベッド。この奇妙な視覚パターンは、コード時代のジェンダー表象と相性が悪い。

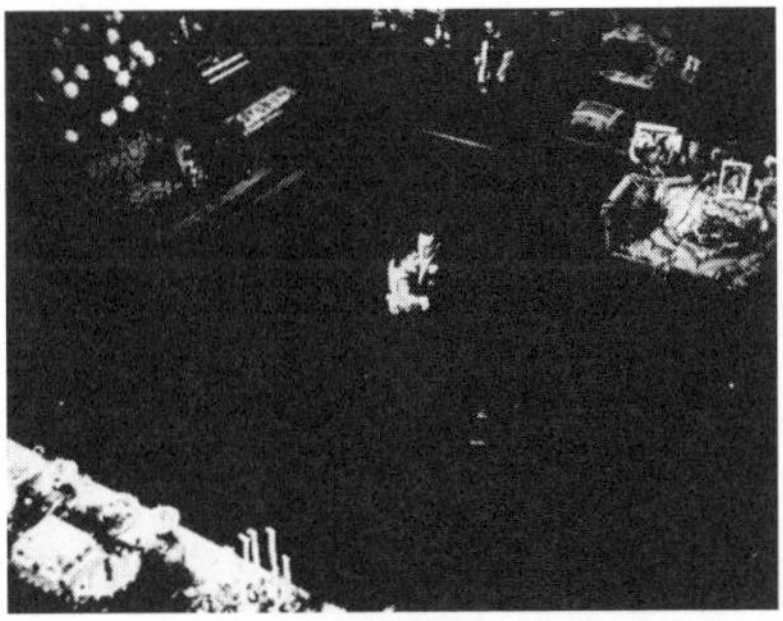

図3　蜘蛛巣フロア
『サンセット大通り』より引用

図4　フロア・ディゾルヴとタバコ
『サンセット大通り』より引用

図5　タバコを吸うノーマ
『サンセット大通り』より引用

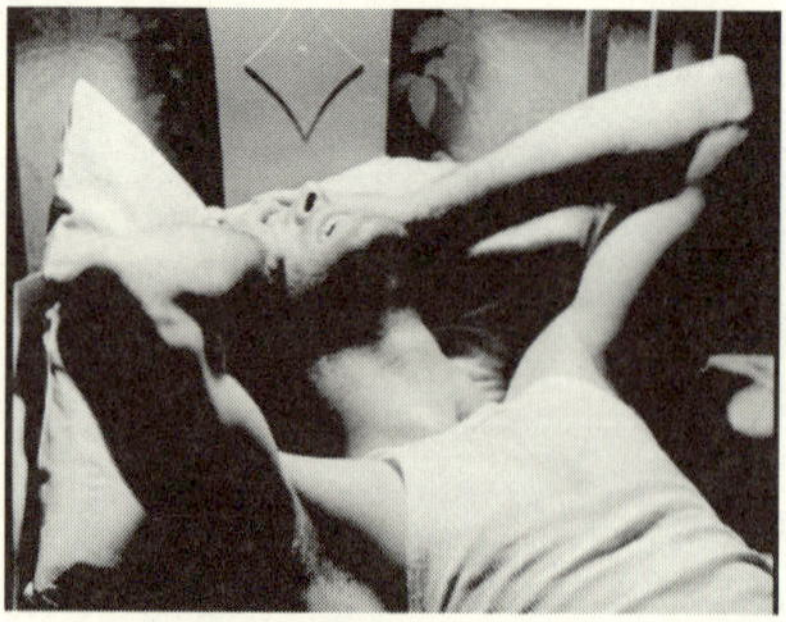

図6　ボクサーとベッド
『殺人者』より引用

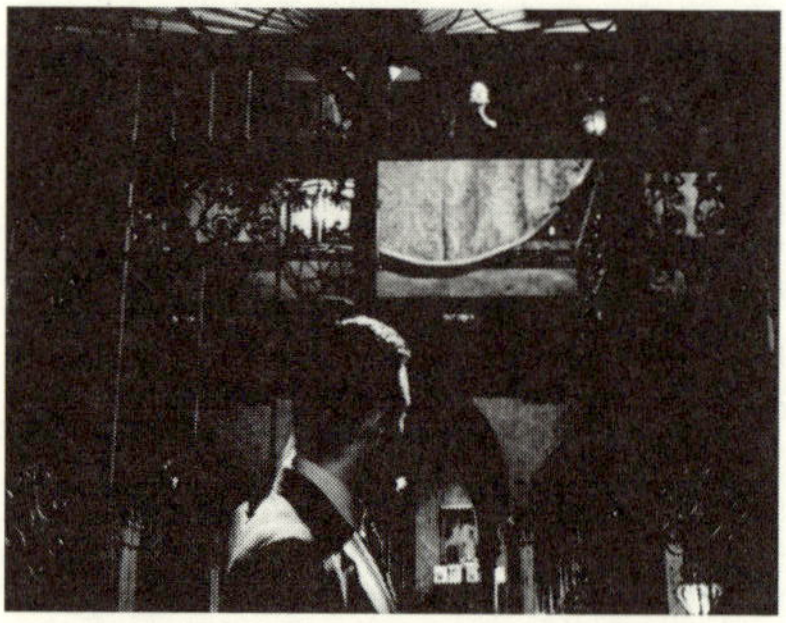

図7　二階から見るノーマ
『サンセット大通り』より引用

「ベッド」とは、文化的・歴史的に、「性」と「病」に印付けられた「女性」のトポスである。絵画、文学、映画という芸術の場とは、すべからく支配的・父権的なジェンダー観が集約するトポスであり、だからこそ女性はベッドとともに描かれてきたはずだ。例えば、印象派の女性裸婦を想起しよう。あるいは、サナトリウムで苦しむ妻や、繁華街の裏通りの宿で身体を売る娼婦をイメージすればよい。ステロタイプな女性表象とは、ベッドが媒介する性と病と男性支配と無縁ではない。だが、コード時代のハリウッドでは、奇妙にも「男性とベッド」が顔を出す。例えば、ロバート・シオドマク『殺人者』（*The Killers*, 1946）のように、人生に絶望した元ボクサーが絶叫するのは他ならぬベッドなのだ（図6）（当然のことながら、「ボクサーとベッド」表象は、『殺人者』において幾度となく反復される）。

加えるなら、「幽閉」のモチーフは、「監視」とも同期する。ノーマの邸宅には、ジョーを監視する眼が横溢する。執事マックスの監視に加え、部屋中に飾られたノーマの写真と絵画は、メタフォリカルな「眼」に他ならない。そして、「見る・見られる」という視覚の力関係は、上下の位置関係に呼応する。例えば、ジョーが二階から見られているショットが示唆的だろう（図7）。映画冒頭に配置されたこのショットは、ノーマの視線と牢獄的な屋敷を視覚的に示す好例であり、彼の未来を予告するショットでもある。ジョーは無数の眼で見られ、幽閉される対象でしかない。この支配・被支配の愛欲の地獄では、ジェンダー・ロールは反転し、老いが若さを呑み込む。パクス・アメリカーナの幽閉は、若さを収奪する老いのグロテスクなのか。

5　映画とは何か――自己批判としてのハリウッド

ハリウッドの成熟は、コード・システムの充実であり、商業的成功と同義である。映画がグローバルな商品として、文化的輸出コンテンツの役割を果たす一方で、コードという「枷」が表象の歪みを生んだことは否定できない。コードを遵守しながら、コードを逸脱すること。それは、「マン・オン・ザ・ベッド」の例に限らず、ノワールが照射する悲劇に顕著だろう。あるいは、パクス・アメリカーナの「幽閉」を取り上げてもよい。この意味において、ハリウッドの批判的眼差しは、自己批判として跳ね返る。夢／ハリウッドの裏側を見せる。それは、性や暴力に頼らない芸術的な批評行為だろう。

ハリウッドの自己批判は、内幕の告白であり、夢の終わりを暗示する。『イヴの総て』（*All About Eve*, 1950）と同様、『サンセット大通り』が業界の闇を描いたことは有名だろう。ブロードウェイの内幕を描き、ハリウッドによる演劇界への一撃と称された『イヴの総て』に対し、『サンセット大通り』は映画界に対する内部告発であったからだ。その行為の重大さは、監督ビリー・ワイルダーと脚本家チャールズ・ブラケットが、上層部の圧力を恐れ、彼らに脚本の内容を知らせず、極秘裏に事を進めた点にも見て取れる。また、数多の女優がノーマ役をキャンセルした点も重要だろう。メイ・ウェスト、メアリー・ピックフォード、ポーラ・ネグリと目まぐるしく変わるノーマ候補の女優たち。グロリア・スワンソンにその役がめぐってきたのは、運命の悪戯としか言いようがない。彼女は忘れられた女優であり、現実のスワンソンと虚構のノーマの境界を曖昧にする演技で、虚実のハリウッドを見せつける。『サンセット大通り』は、

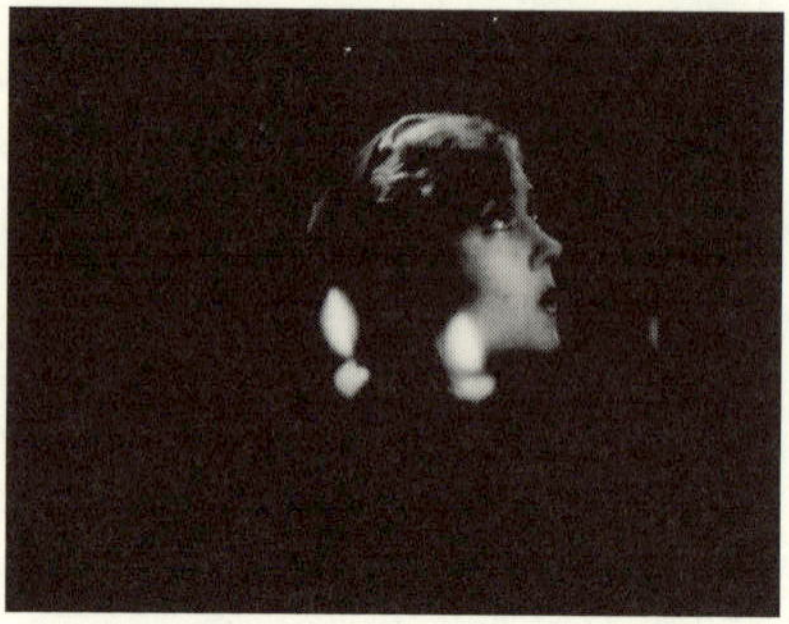

図8　『ケリー女王』ケリー／ノーマ／スワンソン
『サンセット大通り』より引用

スワンソン／ノーマの存在と劇中劇によって、ハリウッド批判を全開するのだ。

ホームムーヴィーのシークエンスを見よう。リビングの壁に掛けられた絵画の下に、巨大なスクリーンが出現する。(19) ノーマとジョーの間には映写機が配置され、暗闇が二人を包み、光がスクリーンに投影される。そこに映るのは可憐な少女。ナイトレイト・フィルムの光の粒子は、若き日のスワンソン／ノーマをいっそう際立たせる（図8）。映画のタイトルは『ケリー女王』（*Queen Kelly*, 1929）。「映画内映画」としての『ケリー女王』は、『サンセット大通り』のメタ映画であり、ノーマはケリー／スワンソンを、スワンソンはノーマ／ケリーを見るという多重構造となる。そして、さらにそれを見るのは、隣に座っている観客／ジョーと、映写機を回す執事マックス／エリッヒ・フォン・シュトロハイムである（シュトロハイムが『ケリー女王』の監督であることで、これらの関係性はさらに複層化する）。虚実入り乱れる映画鑑賞。それは、若さに執着、収奪するノーマのグロテスクであり、欲望の開示に他ならない。

『ケリー女王』は、未完のカルト映画であり、ハリウッドの恥部そのものであった。グリフィス、デミル、シュトロハイム。ハリウッド初期のスター監督は、市場経済が生み出すスターでもある。だがシュトロハイムは、浪費癖とフェティッシュな性癖のため、スタジオからは完全に干されていた。そこで彼が目をつけたのは、メジャーの外、ジョセフ・P・ケネディ（ジョン・F・ケネディの父）。株のインサイダーと酒の密売で稼いだケネディは、RKOを設立し、映画業界での成功を目論んでいた。そこに、失墜したキャリアを取り戻すべく、起死回生のチャンスをうかがっていたケネディの愛人スワンソンも参画する。こうして、シュトロハイム、ケネディ、スワンソンの思惑は一致し、当初『沼地』（*The Swamp*）と題された怪しげな映画の製作がスタートする。

しかしながら、『沼地』の製作は遅々として進まない。それもそのはず、修道院で育った少女が売春宿を相続し、女主人になるというキワモノのメインプロット、増え続ける制作費と長引く撮影、そしてインモラルな内容（死姦を暗示）へと改変され続ける脚本。各自の欲望だけが優先された結果、撮影は中断され、お蔵入りとなる。当然、スワンソンは激怒し、シュトロハイムは解雇され、ケネディは映画業界に見切りをつける。まさに映画は沼地に沈められたのだ。果たせるかな、このいわく付き映画は、二〇年の時を経て、『サンセット大通り』で蘇る。

『ケリー女王』、あるいは「映画内映画」に付随する不気味さは何だろうか。それは、ノーマ／スワンソンの過剰なナルシシズムに起因するだろう。そのナルシシズムとは、グロテスクな鏡像であり、歪んだ共依存に他ならない。例えば、ハリウッド内幕映画『何がジェーンに起こったか？』（*What Ever Happened to Baby Jane?*, 1962）の鏡像シーンを思い出せばよい。少女時代にスターであったジェーン（ベティ・デイビス）は、年老いた今でも、少女時代の自分に欲望する。ジェーン人形と同じ姿で鏡の前に立つ（図９）。それは、グロテスクで、倒錯的なナルシシズムだろう。彼女はその行為において自己陶酔するが、幽閉している姉ブランチ（ジョーン・クロフォード）に対しても自身の欲望を投影している。自分がスターでいられないのは、（姉が動けないのと同様）自分もジェーン人形のように動けないからだ、というように。ジェーンはブランチを幽閉し、自身の精神をも幽閉しているのだ。

図９　鏡像ショット
『何がジェーンに起こったか？』より引用

『何がジェーンに起こったか？』の鏡像と、『ケリー女王』という「映画内映画」。両者はジェーンとノーマの欲望そのものであり、我々観客は、そのナルシシズムと現実否認の身振りを見せられるにすぎない。我々と視座を共有するのは、同席しているジョーであり、刹那、彼は映画の住人なのか、現実のハリウッドの住人なのか、判別できなくなる。少女イメージと老女のリアル。ノーマやジェーンが、イメージに固執することは、美への執着と同義であり、老いの否認に他ならない（ここで注目すべきは、曖昧で幻想的な少女イメージと、皺の奥まで見える拡大鏡のリアリティが、ノーマの中では矛盾しないことだろう）。

加えれば、『サンセット大通り』において、虚実の境界／融解は、複数の映画リファレンスで確認できる。マック・セネット・スタジオ時代の水着映画『嬲られ者』（*Manhandled*, 1924）のワンシーンやチャップリンの模倣。パラマウント・スタジオに赴き、『サムソンとデリラ』（*Samson and Delilah*, 1949）の撮影中に、セシル・B・デミルに会うこと[20]。さらに言えば、ジョーが「まるで蝋人形のようだ」とつぶやく、ブリッジのシーンも印象的である。「蝋人形」とは、ハリウッドで忘れ去られた映画人たちである。喜劇王バスター・キートン（一九四一年から一九四九年まで仕事なし）、アンナ・Q・ニコルソン（落馬で女優生命を絶つ）、H・B・ワーナー（デミルの『キング・オブ・キングス』（*The King of Kings*, 1929）のキリスト役）、そしてスワンソン。この四人のブリッジは、虚実の交差する亡霊たちの会食である。どこまでが映画で、どこからが現実なのか。その究極は、ラストシーンを見ればよい。『サロメ』（*Salome*）の世界に没入したノーマが、カメラに向かって接近するとき、観客の恐怖は頂点に達する。彼女の狂気は、スクリーンを超え、我々観客に転移、感染するからだ。

6　コードとノワール──ハリウッドの「闇」

ノーマの邸宅は疑似的なスタジオであり、そこで虚実は混淆し、グロテスクが出現する。ノーマ／スワンソンは、虚実を横断し、それを眺めるジョーはその闇に呑み込まれ、闇から出ようとしない。興味深いのは、彼は幽閉状態に慣れていき、ジェンダー・トラブルを受け入れていく点だろう。ここには戦後のイデオロギーが求めた父権は存在しない。男性はもはや物語の中心に座すことなく、自律的な主体たりえない。

では、『サンセット大通り』に救いはあるのか。その答えは否。サブプロットとして挿入されたジョーとベティ（ナンシー・オルソン）の純愛エピソードですら、最終的に成就されることはない。シナリオライターである二人は、共同でラブストーリーを作る。「書くこと」は「愛すること」の別名だろう（それはメタフォリカルな性愛であり、コードの「正しい」運用に他ならない）。だがその脚本が二人の愛の成就と、ノーマルな異性愛を暗示する限りにおいて、完成することは許されない。ジョーにとって、一攫千金／ハリウッドの夢は、ノーマによる幽閉で叶えられ、ライターの夢はリアリティを持ち得ないからだ。

そして実のところ、その純愛すら、虚実の混乱はグロテスクな影を落とす。映画終盤、ハリウッドのセットのそばで、ベティは意味深な告白をする。かつて、自分は女優の卵であり、成功するために顔を整形したのだ、と。刹那、ベティの顔にかすかな光が射し、我々／ジョーは、その美しさに戸惑う。彼女の美は幻なのか、偽りなのか（ジョーは目の前の幸せをつかもうとしない）。彼のうつろな視線は宙をさまよい、張りぼてのセットはリアリティから離脱する。その危うげなセットは、二人が結ばれることのない悲劇を予告し、ジョーの闇を表象《リプリゼント》／代理するだろう。

虚実の混乱と去勢されるライターたち。それは一九五〇年代ハリウッドの政治的ダークサイドでもある。ここで我々は、『サンセット大通り』が、『孤独な場所で』と同年に製作されたことを意識すべきだろう。仕事のないシナリオライターが、ノワール的な闇に飲み込まれる。そのプロットは、同時代のハリウッドに吹き荒れた「赤狩り」と「映画製作」との関係を焙り出すからだ。赤狩りという、芸術に対する政治介入は、同年のハリウッド・テンの有罪判決とその下獄とも相まって、コード遵守を強化する集団ヒステリーとなる。一九五〇年代ノワールの闇は、政治的に去勢された映画人たちの心の闇であり、『サンセット大通り』のジョーは、その闇を表象／代理したにすぎない。彼は自由に脚本を書けないだけではない。その禁を破った罰として、ノーマという「コード」が彼を抹殺するのだから（彼はペンの代わりに金を得て、ペンを持とうとして銃で殺されるというわけだ）。ペンを銃《ガン》が殺す。それは赤狩りに対するメタフォリカルな物言いだろう。

おわりに

フィルム・ノワールの「闇」。それは父権が剥奪され、ジェンダーが反転する世界を映し出す。そして、牢獄化する「家／国家」のメタファーとなり、アメリカ合衆国の恥部を暴くのだ。コード時代、それはノワールの時代である。『マルタの鷹』から『黒い罠』に至るノワールは、コードによるリミットが作り出した奇跡の芸術だろう。リミッテド・アート。その不自由さは、「幽閉」のサド・マゾヒスティックな関係をジェンダーに仮託し、より複雑なキャラクター造形を生み出し、アーティスティックなフィルムとなる。我々はその複雑性と複層性を（再）解釈し、価値を認めるべきだろう。

アメリカ映画とコードの関係は如何なるものなのか。コードが映画に「普遍性」を付与し、アメリカ的価値観を流布する役割を果たしたことは重要だろう。グローバルというコンテクストにおいて、なぜアメリカ映画が勝ち続けたのかという理由は、コードという逆説にある。そして、その芸術的なリミットは、性や暴力という表象に依拠しない、新たな映像的可能性に接続する。コードとジェンダー、あるいはコードとノワール。この関係を辿ることで、同時代アメリカ合衆国の姿が見えてくる。「闇」を如何に描き、そこに何を込めるのか。コードの性／政治学研究は、緒に就いたばかりだ。

注

（1）Lea Jacobs, “Industry Self-Regulation and the Problem of Textual Determination,” *Controlling Hollywood: Censorship and Regulation in the Studio Era*, Ed. Matthew Bernstein, New Brunswick: Rutgers University Press, 1999. pp.87–101.

（2）Leonard J. Leff, “The Breening of America,” *PMLA* 106.3（1991）, pp.432–45. 加藤幹郎『映画　視線のポリティクス ― 古典的ハリウッド映画の戦い』（筑摩書房、一九九六年）一五七頁。

（3）Gregory D. Black, *Hollywood Censored: Morality Codes, Catholics, and the Movies*, Cambridge: Cambridge University Press, 1994. Ira H. Carmen, *Movies, Censorship and the Law*, Ann Arbor: University of Michigan Press, 1996. Francis G. Couvares ed., *Movie Censorship and American Culture*, Washington: Smithsonian Institution Press, 1996.

（4）一九三〇年代以降、ローズベルト時代では、映画は「弾丸」であった。それは文字通り、プロパガンダ装置であり、同時に輸出コンテンツでもあった。ニューディールの文化戦略は、映画の両義性を見抜いていたのだ。Richard W. Steele, *Propaganda in an Open Society: The Roosevelt Administration and the Media, 1933–1941*, Westport: Greenwood Press, 1985.

（5）Kristin Thompson, *Exporting Entertainment: America in the World Film Market 1907–1934*, London: The British Film Institute, 1985.

（6）David A. Houshell, *From the American System to Mass Production, 1800–1932*, Baltimore: Johns Hopkins UP, 1984.

（7）John M. Jordan, *Machine-Age Ideology: Social Engineering and American Liberalism, 1911–1939*, Chapel Hill: U of North Carolina P, 1994.

（8）Dwight MacDonald, “A Theory of Mass Culture,” *Hollywood: Critical Concepts in Media and Cultural Studies*, Ed. Thomas Schatsz, New York: Routledge, 2004. pp.38–52. Janet Staiger, “The Hollywood Mode of Production, 1930–60,” *The Classical Hollywood Cinema: Film Style & Mode of Production to 1960*, Eds. David Bordwell, Janet Staiger, Kristin Thompson, New York: Columbia UP, 1985. pp.309–338.

（9）Thomas Doherty, *Pre-code Hollywood: Sex, Immorality, and Insurrection in American Cinema 1930–1934*, New York: Columbia UP, 1999, pp.349–350.

（10）Thomas Doherty, *Pre-code Hollywood*, pp.349–350.

（11）戦時下の女性表象は、ジェンダーの政治学を学ぶ上で不可欠であり、ナショナリズムとも無縁ではない。Michael Renov, *Hollywood's Wartime Woman: A Study of Historical/Ideological Determination*, Ann Arbor: University of Michigan Research Press, 1987. マッチョな女性という戦時下の逆説については以下が重要。Maureen Honey, *Creating Rosie, the Riveter: Class, Gender, and Propaganda during World War II*, Amherst: University of Massachusetts Press, 1984. 戦争とハリウッドの関係については、以下が参考になる。Clayton R. Koppes and Gregory D. Black, *Hollywood Goes to War: How Politics, Profits, and Propaganda Shaped World War II Movies*, Berkeley: University of California Press, 1990.

（12）フィルム・ノワールの語源は、以下を参照。Jean-Pierre Chartier, “Americans are also Making Noir Films,” *Film Noir Reader2*, Ed. Alain Silver and James Ursini, New York: Limelight Editions, 1999. pp.21–23.

（13）ノワールに関する研究書は以下を参照されたい。Nicholas Christopher, *Somewhere in the Night: Film Noir and the American City*. Emeryville:

Shoemaker & Hoard, 2006. Joan Copjec, *Shades of Noir: A Reader*, London: Verso, 1993. Foster Hirsch, *The Dark Side of the Screen: Film Noir*, New York: A. S. Barnes, 1981. James Naremore, *More than Night: Film Noir in its Contexts*, Berkeley: University of California Press, 1998.

（14）ノワールの概論は以下を参照されたい。Jack Nachbar, "Film Noir," *Handbook of American Film Genres*, Ed. Wes D. Gehring, Westport: Greenwood Press, 1988, pp.65-84.

（15）『サンセット大通り』のオープニング・シーンは、元々は「死体が浮かぶプール」ではない。ワイルダーは、死体安置所に並ぶ三六の死体が「何故自分たちが死んだのか」を語るという、ブラックユーモア的オープニングを想定していた（ラストシーンも、ジョーの恋人が彼を抱きかかえるイメージを持っていた）。ハリウッドの風刺としては、こちらの方が、気が利いているだろう。

（16）以下の議論は、拙著『シネマとジェンダー　アメリカ映画の性と戦争』（臨川書店、二〇一〇年）の発展形である。

（17）Sam Staggs, *Close-up on Sunset Boulevard: Billy Wilder, Norma Desmond, and the Dark Hollywood Dream*, New York: St. Martin's Griffin, 2002, p.97.

（18）ノワールの男性表象については、以下を参照されたい。Frank Krutnik, *In a Lonely Street: Film Noir, Genre, Masculinity*, New York: Routledge, 1991. また、ジェンダーに関しては、以下も必読。Jerry Mosher, "Hard Boiled and Soft Bellied: The Fat Heavy in Film Noir," *Screening Genders*, Eds. Krin Gabbard and William Luhr, New Brunswick: Rutgers University Press, 2008, pp.141-154.

（19）ノワールのファム・ファタールが、「セルフイメージ」を目撃するシーンは重要である。それは永遠に辿りつけないナルシシズムであり、脅迫観念であるからだ。『サンセット大通り』では、『ケリー女王』のシーンが最も顕著だが、部屋中に横溢する肖像画も無視できない。女性の肖像画は、ノワールに共通するモチーフである。フリッツ・ラング『飾り窓の女』（*Woman in the Window*, 1944）のように、肖像画の女性はリアル／アンリアルの境界線上に生起する幻の女なのだ。『サンセット大通り』が興味深いのは、その肖像画／映画がダブルイメージを有している点だろう。剣を掲げるナイト／ノーマを描く「絵画」とその下のスクリーンに映し出される儚げな少女ケリー／ノーマの「映像」。ノーマのジェンダーは、「ナイト」と「少女」で引き裂かれているようにも見える。

（20）映画では、デミルは巨匠として、いまだに製作の中心にいるが、それ自体が如何に時代遅れであるかをワイルダーは皮肉っている。絢爛豪華なオールドスタイル。それは、奇妙にもノーマ／スワンソンのスタイルと大差ない。デミルやノーマが好む大作主義は、スタジオの経営を蝕む悪習でしかなく、過去の遺物でしかない。ワイルダーは、虚実の交差するハリウッドを描くことで、巨匠の自己矛盾すらも暴き出し、鋭いメスを入れるのだ。

〈執筆者紹介〉

（執筆順）

井村　俊義（いむら・としよし）（第一章）

長野県看護大学准教授。専攻は文化人類学、民俗学。主な著書に、『亡霊のアメリカ文学：豊穣なる空間』（共著、国文社、二〇一二年）、『バード・イメージ：鳥のアメリカ文学』（共著、金星堂、二〇一〇年）、『グローバリゼーションとアメリカ・アジア太平洋地域』（共著、大学教育出版、二〇〇九年）、『アメリカ〈帝国〉の失われた覇権：原因を検証する一二の論考』（共著、三和書籍、二〇〇七年）等多数。

山﨑　由紀（やまざき・ゆき）（第二章）

東京都生まれ。アメリカ・カトリック大学大学院歴史学博士課程修了（Ph.D.）二〇一一年。敬和学園大学人文学部英語文化コミュニケーション学科准教授。専門はアメリカ社会史（特に移民史・カトリック教会史）。主要著作は、"St. Francis Xavier School and Acculturation and Enculturation of Japanese Americans in Los Angeles: 1921-1945" U.S. Catholic Historian (Vol.18, No.2)、"American Catholic Mission to Japanese in the United States: The intersection of Religion, Cultures,Generations, Genders, and Politics, 1910 to 1970" (Ph.D. dissertation to the Catholic University of America, 2011)、「エドワード・マグリン神父の破門」『敬和学園大学紀要』（二〇一四年）等多数。

大井　由紀（おおい・ゆき）（第三章）

一橋大学大学院社会学研究科修了、博士（社会学）。日本学術振興会研究員を経て、現在、南山大学外国語学部准教授。専攻は移民研究、アジア系アメリカ人研究。共著書に、佐藤成基編著『ナショナリズムとトランスナショナリズム』（法政大学出版局、二〇〇九年）、駒井洋監修、明石純一編著『移住労働と世界的経済危機』（明石書店、二〇一一年）等多数。

川村　亜樹（かわむら・あき）（第四章）
大阪府生まれ。大阪外国語大学大学院博士後期課程修了、博士（言語文化学）二〇〇五年。現在、愛知大学現代中国学部准教授。専攻は現代アメリカ文学・文化。主な著書に、『ヒップホップの政治学―若者文化によるアメリカの再生』（大学教育出版、二〇一一年）、『亡霊のアメリカ文学―豊饒なる空間』（共著、国文社、二〇一二年）、『二〇世紀アメリカ文学のポリティクス』（共著、世界思想社、二〇一〇年）等多数。

平体　由美（ひらたい・ゆみ）（第五章）
国際基督教大学大学院行政学研究科修了、学術博士。現在、札幌学院大学人文学部教授。主な著書・論文は「アメリカ南部寄生虫対策とコミュニティ公衆衛生活動―近代的公衆衛生行政への転回一九〇九―一九二〇」樋口映美、貴堂嘉之、日暮美奈子編著『〈近代規範〉の社会史―都市・身体・国家』（共著、彩流社、二〇一三年）、「二〇世紀世紀転換期ニューヨーク公衆衛生行政―細菌・他者・行政組織」杉田米行編著『日米の社会保障とその背景』（共著、大学教育出版、二〇一〇年）等多数。

中村　義実（なかむら・よしみ）（第六章）
新潟県生まれ。ジョージタウン大学修士課程修了。ハワード大学非常勤講師を経て、現在、敬和学園大学人文学部英語文化コミュニケーション学科教授。主な研究領域は異文化コミュニケーション論、英語教育学。主要業績として、「日米間コミュニケーション―『建前』の二重概念を起点に―」杉田米行編『アメリカを知るための一八章』（共著、大学教育出版、二〇一三年）、「内発性に根ざしたコミュニケーション教育―『時事英語』の実践を踏まえて」『京都大学高等教育研究』第一二号（二〇〇六年）、“Consideration on American Individualism III: Buddhist Diagnosis of American Individualism”『敬和学園大学研究紀要』二三（二〇一四年）等多数。

塚田　幸光（つかだ・ゆきひろ）（第七章）

関西学院大学法学部・大学院言語コミュニケーション文化研究科教授。映画学、表象文化論、アメリカ文学専攻。主な研究業績として、著書に『シネマとジェンダー　アメリカ映画の性と戦争』（臨川書店、二〇一〇年）、編著書に『映画の身体論』（ミネルヴァ書房、二〇一一年）、共編著書に『アーネスト・ヘミングウェイ　二一世紀から読む作家の地平』（臨川書店、二〇一一年）、共著書に村上東編著『冷戦とアメリカ　覇権国家の文化装置』（臨川書店、二〇一四年）、杉野健太郎編著『交錯する映画　アニメ・映画・文学』（ミネルヴァ書房、二〇一三年）金澤哲編著『アメリカ文学における「老い」の政治学』（松籟社、二〇一二年）等。

杉田　米行（すぎた・よねゆき）（編者）

大阪大学言語文化研究科教授。主な研究業績として、“U.S. Strategic Preference for Securing Military Bases and Impact of Japanese Financial Community on Constrained Rearmament in Japan, 1945-1954,” in Peter N. Stearns ed., *Demilitarization in the Contemporary World* (University of Illinois Press, 2013); “Asian Nexuses: U.S. Relations with China and Japan in the Wake of the 9/11 Terrorist Attacks,” in Caroline Rose and Victor Teo, eds., *The United States between China and Japan* (Cambridge Scholars Publishing, 2013) 等。

■編者略歴

杉田　米行　（すぎた　よねゆき）

1962年大阪府生まれ。

1999年5月ウィスコンシン大学マディソン校博士課程修了、Ph.D.（アメリカ史）。

現在、大阪大学大学院言語文化研究科教授。

主な研究領域外交・安全保障、日米医療保険史。

主要業績として、Peter N. Stearns ed., *Demilitarization in Contemporary World History*（University of Illinois Press, forthcoming 共著）; Caroline Rose and Victor Teo, eds., *The United States between China and Japan*（Cambridge Scholars Publishing, 2013 共著）等。

アメリカ研究シリーズ No.3
アメリカ観の変遷 上巻 ［人文系］

2014年10月30日　初版第1刷発行

■編　者――杉田米行
■発行者――佐藤　守
■発行所――株式会社 大学教育出版
〒700-0953 岡山市南区西市855-4
電話（086）244-1268　FAX（086）246-0294
■印刷製本――モリモト印刷㈱

ISBN978－4－86429－289－4